年金財政はどうなっているか

石崎　浩　著

信山社

はしがき

国の年金制度は、これからどうなる？　多くの方が心配しているこの問題について、重要な試算結果が二〇一九年八月、厚生労働省から公表されました。すべての職業の人を対象とする「基礎年金」と、会社員や公務員が加入する「厚生年金」について、厚労省が五年に一度実施する財政検証結果のことです。

厚労省の結論を先に言うと、日本経済が着実に成長し、現役世代の女性とシニア世代男女の労働参加が進むなどの条件が揃えば、今の年金は制度の大枠を手直ししなくても、一〇〇年先まで予定通りの給付を続けられそうだ、ということになります。

財政検証を個人の健康診断に例えるなら、いくつもの値が基準値を超え、＊のマークが目立つけれど、急性の大きな病気は見つからなかった、という感じでしょうか。

でも実のところ、この財政検証結果は、かなり心配な内容です。中でも特に深刻な問題は、たとえ経済成長などが順調だとしても、基礎年金の給付水準がこれから大きく下がってしまいそうなことです。

　政府が今の年金制度を「一〇〇年安心」というのは、少子高齢化が進んでも、給付水準をある程度引き下げていけば、年金の給付そのものは続けることができるという意味です。

　例えば、就職氷河期世代（いま四〇歳前後で、バブル経済崩壊後の不況期に就職活動をした世代）の中には、不本意ながら非正規労働者になった人が、少なくとも五〇万人、あるいはそれよりはるかに多くいるかもしれません。こうした人たちは、老後に基礎年金だけしか受給できない可能性があります。その基礎年金の給付水準が下がるのです。政府が「安心」だというのは、あくまで制度が破綻しないということであって、個人の老後生活を保証しているわけではありません。

　政府はこの財政検証結果に基づいて年金改革案をまとめ、二〇二〇年の通常国会に関連法案を提出して成立させました。厚生年金の加入対象を中小企業の短時間労働者に広げたり、希望者が受給を七五歳まで遅らせる代わりに年金月額を増やせる仕組みにしたり、働くシニア世代の厚生年金が減額されにくくするなどの内容です。しかし、果たして今回の改革だけで十分なのかは疑問です。

　さらに、二〇二〇年に入って新型コロナウイルスの感染拡大が日本経済の先行きに影を落としています。約一〇〇年先まで計算に入れる年金財政にとって、短期的な経済変動より長期的に安定した成長を続けられるかどうかのほうが重要なことなのですが、それでも不安材料には違いありません。

この本では、財政検証結果をどう読み解いたらよいか、そして今回の年金改革がどのような内容で、何が欠けているのか、年金制度にあまり詳しくない人たちを念頭に、できるだけわかりやすく説明したいと考えています。

本書の構成は次の通りです。

年金制度というと、特に若い世代から「複雑でわかりにくい」という反応が返ってきます。第1章では公的年金の基本的な仕組みについて、思い切って必要最小限のことに絞って説明します。

第2章では、給付水準の引き下げに使われる「マクロ経済スライド」という仕組みについて説明します。

年金の財政検証とは要するに、マクロ経済スライドによって給付水準がどこまで下がるのかをチェックするということです。しかし、後で詳しく見るように、「年金の給付水準は下がる。だが金額は増える」という、まるで禅問答のような仕組みなので、年金の受給が近づいた世代でも、十分に理解している人は必ずしも多くないようです。

ここまでの部分、公的年金制度についてある程度ご存じの方は、斜め読みしていただければと思います。

第3章と第4章で、財政検証結果を詳しく見ていきます。年金の給付水準は、どこまで下がる見通しになったのでしょうか。

第5章では、今回の年金改革の内容を説明します。

第6章で、政府が解決を先送りした課題のいくつかを紹介し、今後どのような改革が必要なのか考えます。

二〇二〇年六月　著者

※本書に記した見解は著者個人のものであり、所属する読売新聞社の見解ではないことを申し添えます。

目次

第2章 マクロ経済スライド

第3章　財政検証の「ケースⅢ」

年金財政はどうなっているか

第1章　公的年金の仕組み

1　国の年金は二階建て

この章では国の年金制度、つまり公的年金の仕組みについて、ごく基本的な事柄だけに絞って説明します。

ここで出てくるのは、「国民年金（基礎年金）」と「厚生年金」という二つの制度です。国民年金には、日本に住む二〇歳以上六〇歳未満の全員が加入を義務づけられています。すべての職業に共通する制度で、公的年金の土台にあたる部分です。

自営業者、厚生年金に加入していない短時間労働者、専業主婦などは国民年金だけに加入しています。

公的年金の加入者

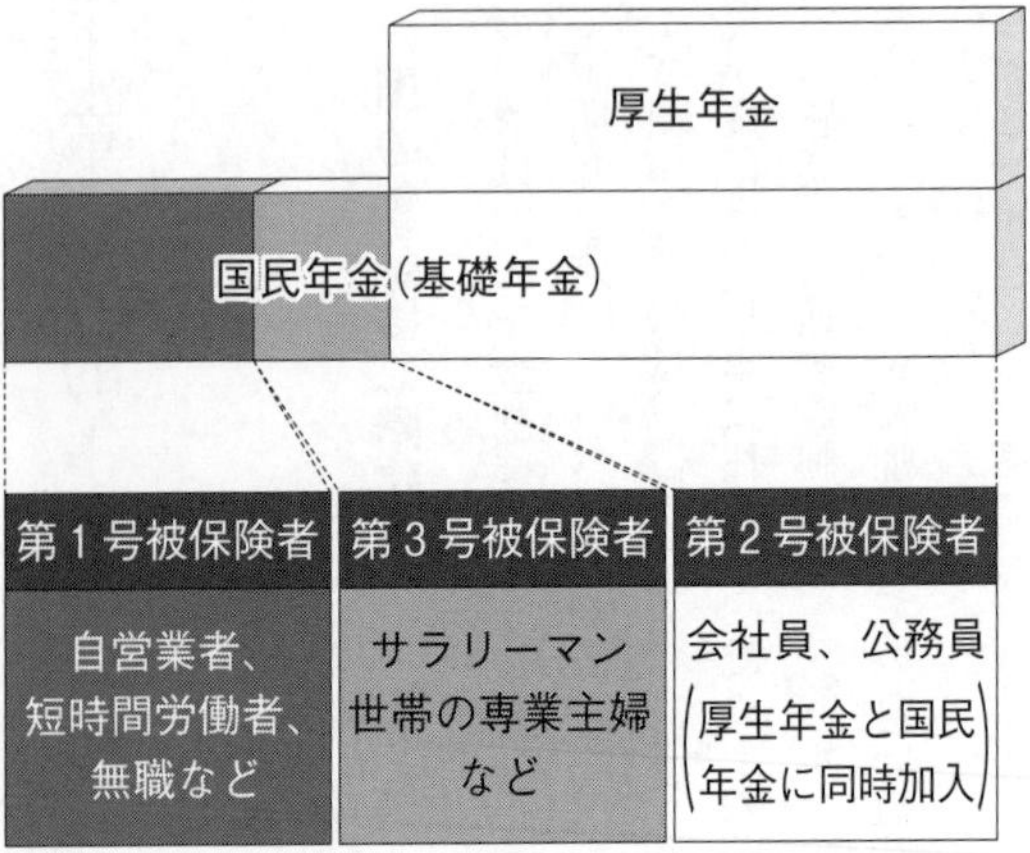

出典：著者作成

一方、会社員と公務員は、このほか厚生年金にも加入しています。国民年金と厚生年金の両方の加入者になっているのです。

サラリーマンの方で、「自分は厚生年金だけにしか加入していない」と思っている人は少なくありません。でも、会社や役所に就職すると、厚生年金に加入するのと同時に、特に意識していなくても国民年金の手続きが取られています。

つまり、会社員や公務員の年金制度は、国民年金と厚生年金の二階建て。厚生年金に加入していない、それ以外の職業の人は国民年金だけの一階建てということになります。

なお、会社員はこのほか企業年金に加入している場合があります。企業年金には確定給付企業年金や確定拠出年金（企業型）などの種類があり、会社が任意で設ける制度なので、公的年金ではなく私的年金という位置づけです。日本の年金制度の「三階部分」とも呼ばれます[1]。さらに、私的年金には他に加入したい人だけが任意で入る確定拠出年金（個人型）などの制度もあります。

この本は公的年金の財政検証と改革の動向をテーマとしているため、企業年金などについては、改めて別の機会に論じたいと思います。ここでは、公的年金の給付水準が低下していくなかで、私的年金に求められる役割がとても重要であることだけを指摘しておきます。

2　国民年金か、基礎年金か

ところで、さきほど、「国民年金（基礎年金）」という書き方をしました。国民年金なのか基礎年金なのか、何だかすっきりしませんね。

少しややこしいですが、「国民年金」に加入した人が、老後に「基礎年金」を受給することになっているのです。加入する制度の名称が「国民年金」で、受け取れる年金給付の名称が「基礎年金」です。

この点については、基礎年金の制度ができた一九八五年の年金改革の際、当時の厚生省（今の厚生労働省）の中にも異論がありました。どちらも「基礎年金」に統一して、「国民年金」という名称は使わないようにしようという意見です。そうすればよかったのにと私は思います。

ただ、「国民年金」という制度は、それ以前の一九六一年からありました。現在のように全ての職業を対象とするのではなく、自営業者や農家など、今でいう第一号被保険者を対象とした制度でした。

この旧国民年金の保険料を一生懸命に徴収していた関係者からみれば、「せっかく苦労して定着させた国民年金という名称をなくすとは、いったい何事か」ということになります。この点に当時の厚生省が配慮して、八五年の改革では制度の名称として「国民年金」を残したのです。

3　国民年金と職業

(1)　第一号被保険者

公的年金の一階部分にあたる国民年金について、さらに詳しく見ていきましょう。

自営業者、フリーランスの人、無職の人、二〇歳以上の大学生などは国民年金だけに加入しています。この人たちが国民年金の「第一号被保険者」です。このあと説明する第二号被保険者（会社員、公務員）と第三号被保険者（サラリーマン世帯の専業主婦など）のどちらにも該当しない人は、みな第一号被保険者となるのです。このため、短時間労働者もかなりの部分が第一号被保険者になっています。

第一号の人が納める国民年金保険料は、一律に月約一万七〇〇〇円です。(2) この保険料を納めることで六五歳以降、基礎年金を受給できます。

ただし、所得が低い人向けに免除制度があります。所得に応じて「全額免除」「四分の三免除」「半額免除」「四分の一免除」があり、手続きさえしておけば、全額免除を受けた期間分についても将来、保険料を納めた場合の半額にあたる基礎年金を受給できます。

保険料を納めることができないからといって未納を続けると、その期間分の年金は支給されません。公的年金は一〇年以上の加入が受給の条件とされていて、ずっと未納を続けると最終的には無年金になってしまいます。未納を続けている間に障害を負っても障害基礎年金は受給できませんし、加入者が亡くなった場合に子どものいる配偶者などが受け取れる遺族基礎年金も支給されません③。

大学生も二〇歳以上になって保険料を納めないでいると、障害を負った場合に障害基礎年金を受給できず、無年金になってしまいます。こうした無年金障害者の中には、高齢の親と同居して親の年金で暮らし、将来に不安を抱えている人が大勢います。

大学生が国民年金保険料を納付できない場合、「学生納付特例」の手続きをしておけば、保険料納付を就職後まで猶予してもらうことができます。その間に障害を負った場合でも、一級だと年約一〇〇万円、二級だと年約八〇万円の障害基礎年金を受給できます。

通常の保険料免除とは異なり、就職後に保険料を追納しなければ、その期間に相当する老後の年金額はゼロになります。それでも、公的年金の受給に必要な「一〇年以上の加入」の計算には含めてもらえますし、なにより未納で無年金障害者になることを避けられるのは大きな利点です。詳しくは日本年金機構のホームページを参照してください。

保険料免除や学生納付特例の手続きをせずに未納を続けるのは、本当に損で、怖いことだ

公的年金加入者の内訳（2019年３月末、単位・万人）

	加入者全体	第１号被保険者	第２号被保険者	第３号被保険者
総数	**6746**	**1471**（21.8%）	**4428**（65.6%）	**847**（12.6%）
男性	3516	764（21.7%）	2741（78.0%）	11（0.3%）
女性	3230	707（21.9%）	1687（52.2%）	836（25.9%）

※カッコ内の％は総数、男性、女性それぞれの中での内訳
出典：厚生労働省「平成30年度厚生年金保険・国民年金事業の概況」

と認識しておきましょう。

(2)　第二号被保険者

勤め先で厚生年金に加入している会社員や公務員は、国民年金の「第二号被保険者」とされています。

厚生年金と国民年金の両方に加入しているのですが、給与から天引きされているのは厚生年金保険料だけです。お勤めの方は給与明細を見ていただくと、厚生年金保険料が天引きされています。それと別に国民年金保険料も天引きされているわけではありません。

厚生年金の保険料は、月給と賞与のそれぞれに一八・三％を掛けた金額を従業員と会社が半分ずつ負担しています。[4] この中に、六五歳以降

に基礎年金を受給する権利を得るための保険料も含まれているのです。ただし、厚労省は個々の加入者が基礎年金のためにいくら払っているのか、その金額を明らかにしていません。同じ基礎年金という名称で一括りになっていても、会社員と、一律月約一万七〇〇〇円の国民年金保険料を納める自営業者では負担の仕組みが全く違うわけです。

(3) 第三号被保険者

国民年金の加入者には、ここまでの第一号被保険者、第二号被保険者とは別のカテゴリーが、もう一つあります。サラリーマン世帯の専業主婦などで、国民年金の「第三号被保険者」とされています。

より正確にいうと、第二号の人に扶養されている年収一三〇万円未満の配偶者で、二〇歳以上六〇歳未満の人が該当します。専業主婦と書きましたが、短時間勤務で働くパートの人も含まれます。第三号被保険者の約九九％は女性で、あとの約一％が男性です。

第三号の人たちは、厚生年金には加入していません。国民年金だけの加入者です。この点では自営業者など第一号の人たちと同じです。六五歳から基礎年金を受給できる点も全く同じです。

しかし、保険料の負担方法が異なります。というより、この人たちは保険料を徴収されていないのです。

では、第三号の人たちが六五歳以降に基礎年金を受給するための財源は、誰が負担しているのでしょうか。実は、厚生年金に加入する第二号被保険者（会社員、公務員）の人たち全体で負担しています。その中には、夫婦ともに厚生年金に加入する共働きの人たちも、独身の男女も含まれています。

サラリーマン世帯の主婦の中には、「私の保険料は、夫の給与から天引きされている」と思っている人もいます。全く間違っているとまでは言い切れません。厚生年金保険法の条文には、第三号の配偶者が納めた厚生年金保険料は夫婦が共同して負担したものだ、という考え方が記されているからです⑤。

とはいえ、これはあくまで建前にすぎません。第三号被保険者の夫が割り増しの保険料を納めているわけではないからです。厚生年金の保険料率は、第三号被保険者の夫も、それ以外の共働きや独身者も、みな一八・三％（労使で半分ずつ負担）で一律です。

こうしたことから、第三号の制度には「サラリーマン世帯の専業主婦を優遇し過ぎている」「妻が働かないことを奨励するような制度だ」という批判が根強くあります。

さらに、同じ専業主婦でも、夫が自営業者などの場合は国民年金の第一号被保険者となり、国民年金保険料を納める必要があります。第三号被保険者の分の保険料はあくまで厚生年金加入者だけでまかなっており、自営業者など第一号被保険者が負担しているわけではありません。それでも、同じ専業主婦なのに夫の職業によって保険料を納めるかどうかが異なるため、不公平感の原因になっていることは確かです。

4　年金額と計算方法

(1)　基礎年金

基礎年金は現在、満額だと月約六万五〇〇〇円を受け取れます。

基礎年金額の計算方法は、比較的単純です。基本的には公的年金に加入した月数（つまり、その人が第一号、第二号、第三号だった期間の合計）に比例するのです。四〇年加入すると満額の約六万五〇〇〇円になるので、一年加入するごとに、年金月額がその四〇分の一にあたる一六〇〇円くらいずつ増えていくということになります。

ちなみに、基礎年金を給付するための財源は、加入者が納める保険料と、国庫負担が半々でまかなわれています。基礎年金の満額は月約六万五〇〇〇円ですから、その半分の約三万二五〇〇円は国庫負担がつぎ込まれているということになります。国庫負担というのは、簡単に言ってしまえば税金のことです。

ただし、国の財政は膨大な赤字を借金（赤字国債）で埋めている状態ですから、この国庫負担はかなりの部分が後の世代への負債の先送りでまかなわれているとも考えられます。「孫のポケットに手を突っ込んで、高齢者に年金を配っている」という批判があることも、心に留めておきましょう。

さきほど、低所得で国民年金保険料の全額免除を受けても、通常の半額に当たる年金額を受給できると説明しました。これはつまり、免除を受ける手続きさえしておけば、その期間分についても国庫負担分は受け取れるということです。手続きをせずに保険料未納になると、国庫負担分も含めてその期間分の年金は全く受け取れないので大損になります。

(2)　厚生年金

厚生年金の受給額の計算方法は、基礎年金ほど単純ではありません。考え方としては、加入していた期間が長く、その間の賃金が高かった人ほど受給額が多くなります。このため、例えばいわゆる終身雇用のサラリーマンでも、人によって年金額が大きく異なります。

また、たとえ厚生年金に加入した期間が一か月だけでも、基礎年金を受給する資格があれば、一か月分の厚生年金を併せて受け取ることができます。

厚労省が公表している標準的な年金額は、平均的な賃金で四〇年働いた男性の場合、月約九万円です。

厚生年金の計算式は、ごく単純化して考え方だけ示すと、次のようになります。


現役時代の平均賃金×加入月数×生年月日に応じた係数

ただし、ここまで簡略にすると、専門家からは叱られるかもしれません。あくまで考え方としてごらん下さい。

「現役時代の平均賃金」については、昔と今とでは賃金の水準が大きく違います。例えば大卒の初任給は、一九七〇年代後半には平均で月一〇万円程度でしたが、今は名目額でみると約二倍になっています。近年は賃金がそれほど上がらなかったり、逆に下がったりする状況が続いていますが、それでも昔に比べれば社会全体でみると賃金が増えているのです。

そこで、年金額を計算する際にも賃金の名目額を単純に平均するのではなく、昔の賃金は今の価値に換算したうえで平均額を出すことになっています。

ここで、厚生年金に加入していた「モデル世帯」についても見ておきましょう。

モデル世帯の定義は、次の通りです。

・夫は厚生年金に四〇年加入していた平均的な会社員

・同い年の妻はずっと専業主婦で、厚生年金に加入したことがない

モデル世帯は、このあと財政検証の説明で繰り返し登場します。

モデル世帯の夫は、厚生年金と基礎年金の両方を受給します。妻が受給するのは基礎年金だけです。

厚労省が公表している標準的な年金額は、モデル世帯で見ると次のようになります。

月約九万円（夫の厚生年金）＋**月約六万五〇〇〇円×二**（夫婦それぞれの基礎年金満額）

＝月約二二万円

実際に受給している年金額は世帯によってさまざまですが、現在六五歳ぐらいのサラリーマンOBと専業主婦の夫婦は、標準だと月二二万円程度を受給できるわけです。

(3) 実際の受給額

ここで、高齢者が実際に受給している年金額も確認しておきましょう。

次のページのグラフは、会社員などとして厚生年金に加入していた人が、実際にどのぐらいの金額を受給しているかを表しています。この金額は、本人名義の厚生年金と基礎年金(一人分)の合計額です。

残念ながら、厚労省は厚生年金と基礎年金を分離した、それぞれの金額のデータを持っていません。さきほど紹介した標準的な年金額とは、あまり単純に比較できないことに留意してください。

男女合わせた全体の平均額は月一四万三七六一円ですが、グラフの形を見れば一目瞭然、男女で受給額に大きな開きがあります。男性の平均額は月一六万三八四〇円なのに対し、女性の平均額は月一〇万二五五八円です。男性はいわゆる終身雇用の会社員だった人が多く含まれるのに対し、女性は結婚や子育てを機に仕事を辞めた人が多く、働いていた期間の賃金水準も男性より低くなりがちだったことが理由です。

厚生年金受給額の分布

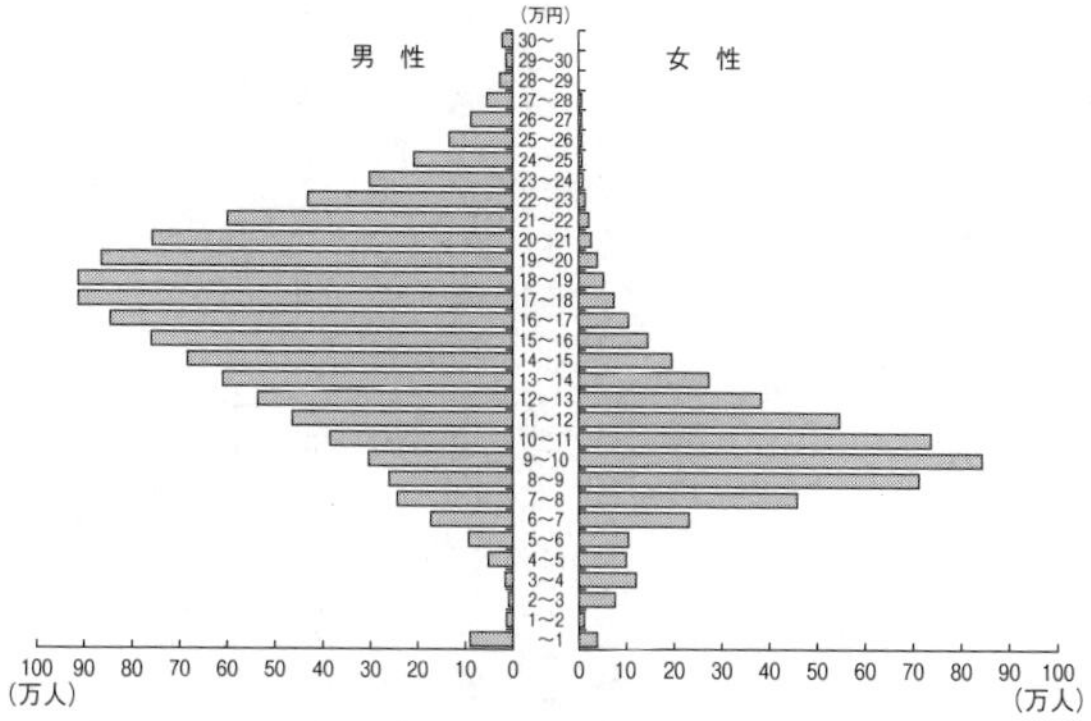

※2019年3月末現在。厚生年金と基礎年金を合わせた月額。受給権者1609万人の分布

出典：厚生労働省「平成30年度　厚生年金保険・国民年金事業年報」

　ところで、さきほど見たモデル世帯の夫の年金額は、厚生年金が月約九万円、基礎年金が月約六万五〇〇〇円でした。夫だけの受給額を合計すると、月約一五万五〇〇〇円となります。

　かなり乱暴な比較になることを承知でいうと、実際の男性の平均受給額（月一六万三八四〇円）のほうが九〇〇〇円ほど多くなっています。実際の受給額は、平均を見る限りはモデル世帯とさほど遜色がないのです。

　ただし、グラフの形から明らかなように、受給額のばらつきが大きいことに注目しておきたいと思います。

　一方、ずっと自営業者や専業主婦で会社な

どに勤めたことのない人は、六五歳以降に基礎年金だけしか受給できません。

厚労省の統計によると、こうした基礎年金だけしか受け取れない人の年金額は、平均で月五万四一八円です。男女別に見ると、男性五万三七四〇円、女性四万九六五〇円となっています[6]（二〇一九年三月末現在）。

この金額は、四〇年加入の満額（月約六万五〇〇〇円）をかなり大きく下回っています。加入期間が四〇年より短い人が大多数を占めているからです。さらに、受給額が三万円に満たない低年金の人が、男性の約五％、女性の約一〇％います。

厚労省の財政検証は基本的に「モデル世帯」と「基礎年金の満額」だけしか扱わないので、財政検証について解説する本書の記述も、この二つを中心に展開します。

しかし、以上見てきたように、実際の年金額は人によってばらつきが大きく、低年金の人もたくさんいます。年金改革の議論では、このことに十分な注意が必要です。

5　年金の財政方式

(1)　賦課方式が基本

ここで、国民年金（基礎年金）と厚生年金の財政が、どのように運営されているのかも見ておきたいと思います。

この二つの制度の財政は、いずれも「賦課方式（ふかほうしき）」が基本になっています。今の働く世代が納めている保険料が、すぐに今の高齢者に年金として支払われるという財政方式です。

今の働く世代が高齢になって年金を受給するときには、さらに後に生まれた世代が納める保険料で支えてもらうわけです。後に生まれた世代が上の世代を支えることが、順繰りに繰り返されていきます。

賦課方式について、厚労省はよく「世代間の仕送り」だと説明しています。確かに、かつて公的年金制度がまだ充実していなかったころには、子どもが年老いた親と同居して支えたり、離れて暮らしていれば仕送りをしたりということが一般的でした。核家族化と少子化が進んだ今の日本で、仕送りに代わる機能を年金制度が果たしていることは間違いありません。好むと好まざるとにかかわらず国に強制され、見ず知らずの他人を支える制度ではありますけれど……。それでも、自分も年を取ったら他人に支えてもらえるわけですね。だからこそ、やはり公的年金は必要不可欠な制度だと思います。

いずれにせよ、自分たちの世代が納めた保険料が、どこかに積み立てられていて、それを老後に受け取るということではないのです。そういう貯金に似た仕組みは「積立方式」と呼ばれます。企業年金は積立方式で運営されていますが、公的年金はそうではありません。

(2) 公的年金は破綻しないが…

賦課方式の場合、国が強制力を持って国民から保険料を取り立てさえすれば、制度が破綻することはなく、高齢者に年金を払い続けることができます。例えば高率のインフレが起きて、物価が二倍になったとしても、保険料を二倍にすれば、高齢者の年金額を二倍に増やすことが原理的には可能なわけです。厚労省は、物価上昇に対応できることを賦課方式の長所として宣伝しています。

その一方、短所は何と言っても少子高齢化に弱いことです。

今の公的年金は、加入者が約六七〇〇万人であるのに対し、受給権者は約四一〇〇万人います（二〇一八年度）。単純計算だと、およそ一・六人で一人を支えていることになります。この加入者の中には、実際には保険料を納めていない第三号被保険者や低所得で国民年金保険料の免除を受けている人もいるので、既にかなり厳しい状況になっていることがわかると思います。

しかも、少子高齢化が今後さらに進むことは確実です。国立社会保障・人口問題研究所の推計によると、三〇年後の二〇五〇年には二〇～六四歳の人口と六五歳以上の人口比が一・二七対一、つまり一・二七人で高齢者一人を支える社会がやって来ます。政府は働いて税金や社会保険料を納めるシニア世代を増やすことに取り組んでいますが、それでも公的年金の財政が厳しくなるのは避けられません。

第2章で詳しく説明するマクロ経済スライドは、公的年金の財政が賦課方式で運営されているからこそ必要になったのです。

(3)　最初は積立方式だった

ところで、国の年金制度がもともと積立方式で始まったことは、知っておいてよいと思います。

厚生年金の前身で一九四二年に始まった労働者年金保険制度と、一九六一年に始まった旧国民年金はいずれも当初、積立方式でした。

ところが終戦後に激しいインフレが起きたり、保険料を低く抑えたままで年金制度の実力に見合わない給付を続けたりした結果、当初想定していたような積立金を持ち続けることができなくなりました。そこで、なし崩し的に、負担を後の世代に転嫁する賦課方式の要素が強まっていったのです。

6 積立金

ここまで、公的年金は賦課方式だと説明してきました。しかし、厚生年金も国民年金も、かつて積立方式だった名残として、まだ巨額の積立金を持っています。厚労省が所管する厚生年金の積立金は約一五七兆円、国民年金の積立金（第一号被保険者に対応する部分の積立金）は約九兆円にのぼります(7)。少子高齢化がまだ現在ほど進んでいなかったころに、給付に使われなかった保険料が積み立てられているのです。

年金積立金管理運用独立行政法人（GPIF）という機関が、積立金を国内外の株式と債券で運用しています。厚労省は今後、少子高齢化が進んでいくなかで、積立金の運用益を稼ぎながら取り崩していく予定です。

積立金の運用対象は、国内外の株式五〇％、国内外の債券五〇％が目安になっています。

半分が値動きの大きい株式なので、そんなに運用リスクを取ってよいのか、という批判が根強くあります。私も多すぎるのではないかと懸念しています。

しかし、たとえ運用に大失敗しても、年金制度が破綻するところまではいきません。今後約一〇〇年間に必要となる年金財源のうち、積立金の運用と取り崩しでまかなうのは一割程度に過ぎないと見込まれているからです。あとの約九割は、その時々に現役世代が納める保険料と、基礎年金の国庫負担つまり税財源でまかなわれます。

従って、公的年金の財政方式をより正確に表現するなら、積立方式の要素を持ちつつ、賦課方式を基本に運営されているということになります。

（1）企業年金の掛金は、基本的には会社が積み立てます。給付額は会社によっても、その社員にどのぐらいの給与が支払われていたかなどによっても大きく異なります。企業年金という名前がついていても、定年退職の際に、年金の原資をまとめて一時金として受け取る人が多いのが実態です。そのほうが税制面などで有利になりやすいことが背景にあり、必ずしも年金としての役割を果たしていません。制度を廃止する中小企業が目立つなど、ほかにもさまざまな問題が起きています。

（2）第一号被保険者の国民年金保険料が一律の金額とされているのは、会社員などと比べて自営業者の所得を正確に捕捉することが難しく、所得に保険料率を掛けて徴収する仕組みだと不公平が生じるからです。厚労省は長年にわたり、第一号被保険者からも負担能力に応じて保険料率で徴収する仕組みにしたほうがよいという問題意識を持っているのですが、当分は実現しそうにありません。

(3)この本で「基礎年金」「厚生年金」と記述するのは、特に断らない限り原則六五歳から支給される年金のことで、より正確には「老齢基礎年金」「老齢厚生年金」という名称です。公的年金の給付にはこれらの老齢年金のほかに、一定の要件を満たした場合に受け取れる遺族年金(遺族基礎年金、遺族厚生年金)と障害年金(障害基礎年金、障害厚生年金)があります。そのための費用は国民年金保険料や厚生年金保険料に含まれているので、別途に保険料を納める必要はありません。いずれも重要な役割を果たしていますが、財政検証が老齢年金に焦点を当てて行われていること、今回の年金改革が老齢年金中心の内容であることから、本書では必要な場合に限った言及にとどめています。さらに、公務員と私学の教職員も現在は厚生年金に加入していますが、二〇一五年九月までは共済年金に加入することになっていて(私学の一部に例外あり)、その当時に受給が始まった人は今も「共済年金」という名称の年金を受給しています。本書では共済年金については取り上げません。

(4)正確には「月給」「賞与」そのものではなく「標準報酬月額」「標準賞与額」という、細かい端数がなく切りの良い金額に直したうえで計算されることになっています。

(5)厚生年金保険法七八条の一三

(6)基礎年金だけしか受給できない人は女性のほうが多いため、全体平均が女性の平均額に近い金額となっています。

(7)二〇一九年三月末現在。このほか国家公務員共済組合連合会と地方公務員共済組合連合会、日本私立学校振興・共済事業団の三共済も同時点で、公務員や私学の教職員が共済年金に加入していた当時から保有する公的年金の積立金計約三一兆円を管理・運用しています。以上すべてを合わせると、公的年金の積立金は総額約一九七兆円にのぼります。

第2章　マクロ経済スライド

1　どの世代も逃れられない

基礎年金と厚生年金の給付水準は、これから少子高齢化が進むにつれて、徐々に引き下げられていきます。その引き下げのために設けられた仕組みが「マクロ経済スライド」です。どんな仕組みなのか、この章ではごく基本的なところを説明します。

マクロ経済スライドは、二〇〇四年の年金改革で導入されました。この制度ができる前には、高齢者の年金は、物価や賃金が上昇したとき、その上昇率に合わせて金額を増やしてもらえる仕組みになっていました。ところが、少子高齢化で年金財政が厳しくなったので、マクロ経済スライドの実施によって、年金額があまり増えないようにしたのです。

具体的には、どうやって年金額を抑えるのでしょうか。それを理解するために、まずはマクロ経済スライドに次の二つの効果があることを心に留めてください。
①いったん受給が始まった高齢者の年金は、その後に物価が上昇しても、名目額があまり増えなくなる
②まだ受給していない若い世代も、将来、六五歳で受給が始まる時点の年金額が、この仕組みがなかった場合と比べて低く抑えられる
既に受給が始まっている高齢者と、これから受給する若い人。どちらの年金額も抑えられてしまうのです。どの世代も、マクロ経済スライドの影響から逃れることはできないということです。

2　既に受給している高齢者

(1)　物価上昇ほどは増えない

まず、既に受給が始まっている高齢者から説明します。

マクロ経済スライドの仕組み（イメージ図）

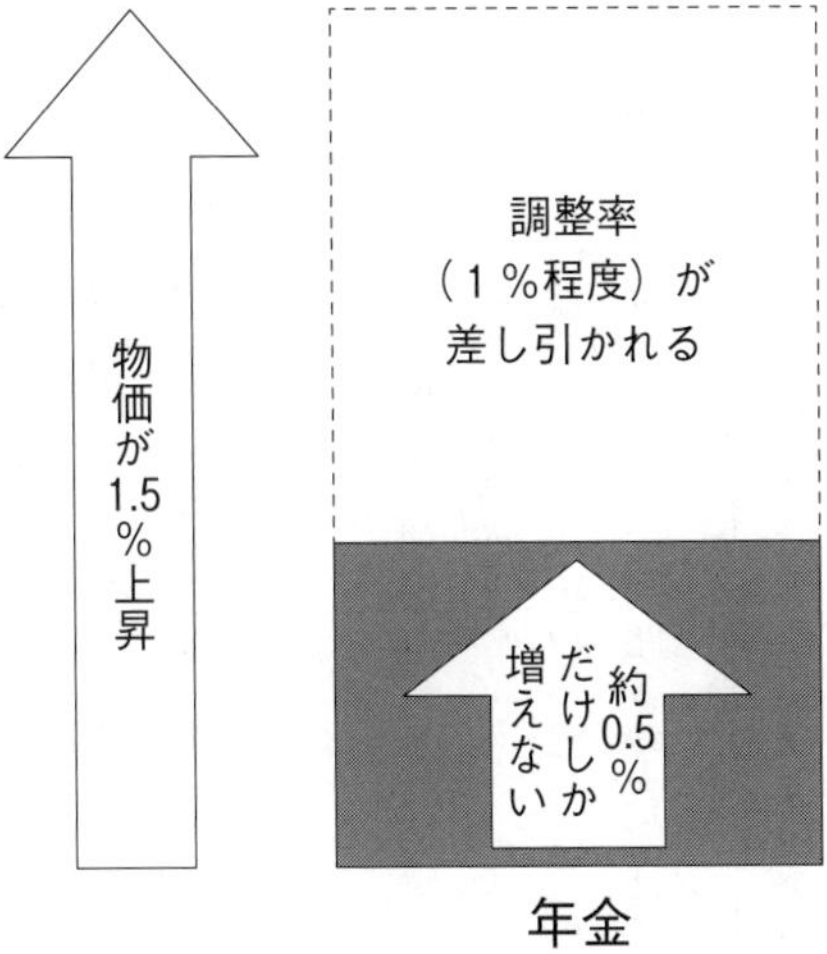

出典：著者作成

高齢者がいったん受け取り始めた年金は、毎年の物価変動などに応じて、翌年四月分から金額が改定されます。物価が上昇したときに年金額を増やさないと、暮らし向きがだんだん厳しくなってしまうからです。

かつてのルールでは、たとえば、ある年に物価が一％上昇すれば、翌年の四月分から年金額が同じ一％増えることになっていました。物価が一・五％上昇すれば、翌年の四月分から年金額が同じ一・五％増えました。「物価スライド」といって、本来はこれが基本です。

ところが、マクロ経済スライドが実

施されると、こういう以前からのルールは適用されなくなります。

たとえば、ある年に物価が一・五％上昇したとします。以前であれば、翌年の四月分から年金が同じ一・五％増えるはずだったのですが、マクロ経済スライドが実施されると、物価上昇率から少子高齢化の動向を反映させるための「調整率」が差し引かれます。物価が上昇した割には、年金の名目額があまり増えなくなってしまうのです。

(2) 調整率とは

調整率は、二つの要素で決まります。いずれも、年金財政が苦しくなる要素です。

まず、公的年金の加入者がどのぐらい減少したか（以下では「加入者の減少」）。

日本の総人口は、二〇〇八年の一億二八〇八万人をピークに減り続けています。特に現役世代の減少は深刻で、二〇～六四歳の人口は二〇六五年には四一八九万人に、今より約四割減ると推計されています（国立社会保障・人口問題研究所「日本の将来推計人口」の中位推計）。

年金制度を支える加入者は主に現役世代なので、このことは年金財政が苦しくなる大きな要因です。そこで加入者の減少を調整率に反映させ、給付水準を抑制するのです。

もう一つは、長寿化で平均的な受給期間が長くなること（以下では「長寿化」）。日本人の平均寿命は、男性が八一・二五歳、女性は八七・三二歳です（二〇一八年）。さきほどと同じ推計で、二〇六五年には男性八四・九五歳、女性九一・三五歳になるとされています。男女ともに、おおよそ四年ぐらい長くなりそうなのです。

年金制度では平均寿命というより、六五歳になった人が平均的にはあと何年生きるかという「平均余命」のデータが重要なのですが、こちらもやはり延びていきます。

長寿化は、もちろん大変喜ばしいことです。日本が国を挙げて努力した、世界に誇るべき成果だといえます。しかし、年金に関しては、一人ひとりが受給する期間が長くなるため、財政が厳しくなる要因です。

調整率は、以上の「加入者の減少」と「長寿化」という二つの要素を足し合わせた数値となります。

このうち、「加入者の減少」は、実績値を使うので、毎年変動します。一方、「長寿化」は実績値ではなく、あらかじめ一年あたり〇・三%と決められています。調整率は両者を足し合わせて決まります。

スライド調整率の見通し

年度	スライド調整率
2021	0.3
2022	0.5
2023	0.7
2024	0.9
2025	0.9
2030	1.1
2035	1.6
2040	1.6
2050	1.5
2060	1.3
2070	1.4
2080	1.5
2090	1.4
2100	1.4
2110	1.4
2115	1.4

出典：財政検証結果（ケースⅠ～Ⅲ）

厚生労働省の試算によると、調整率は右の表のように、時期によってかなり変動します。そして二〇三〇年ごろからは年一％を超え、急速に大きくなります。団塊ジュニア世代（一九七一～七四年生まれ）の引退などで、加入者の減少率がそのころ大きくなると予想されているのです。

なお、調整率は基礎年金と厚生年金で共通です。同じ年度には、どちらも同じ数値が使われます。

さきほどの例で、かつてのルールであれば、ある年に物価が一・五％上昇すると、翌年の四月分から年金額が同じ一・五％増えるはずだったと説明しました。

ところがマクロ経済スライドが実施され、そのときの調整率が例えば一％だとしたら、一・五％から一％が差し引かれ、年金額は〇・五％しか増えないということになります。つまり、年金の名目額がわずかに増えても、一・五％という物価上昇率についていけません。実質的な価値（購買力）が目減りしてしまうことになります。

(3)　いつまで続くか

このマクロ経済スライドは、今回の二〇一九年財政検証によると、早くても二〇四六年度まで、つまり、あと二〇数年にわたり続く見通しになっています。

ただし、マクロ経済スライドの終了時期は、今後の日本経済や労働市場、出生率などの動向によって左右されます。

これからの日本経済が好調で、現役世代の賃金が伸びていけば、マクロ経済スライドを早めに終了しても、年金財政の安定を長期にわたって保つことができます。公的年金は賦課方式を基本として運営されており、保険料を納めて制度を支える現役世代が豊かになることで、年金財政も好転するからです(1)。

また、合計特殊出生率（一人の女性が生涯に産む子ども数の推計値）が上向けば、制度を支える現役世代の減少が緩やかになります。生まれた子どもが大人になって年金制度を支えるまでには二〇年ほどかかりますが、年金は約一〇〇年先まで計算に入れて収支を考えるので、やはり財政が好転するのです。

これとは逆に、経済が低迷し、出生率も低下する場合には、年金財政が厳しさを増し、マクロ経済スライドを今の想定より長く実施し続けることになります。

そうすると、後述のように将来受給する人の給付水準が大きく下がってしまうため、二〇〇四年の改革でつくられた今の年金財政のルールを大きく変えなければならなくなるかもしれません。例えば保険料を大幅に引き上げるなど、将来世代の暮らしが苦しくなるような改革が、後になって必要となる可能性もあります。

いずれにせよ、現時点の見通しでは、マクロ経済スライドは今後二〇数年にわたり続きます。今のシニア世代は年金を受給し始めた後も、当分の間、その影響を受け続けることになります。

ただし厚労省は、その場合でも給付水準が下がり過ぎないように、一定の歯止め措置を設ける予定です。この歯止め措置については、次の第3章で説明します。

3　まだ受給していない現役世代

ここまでのような説明をすると、「マクロ経済スライドは、今の高齢者を狙い撃ちにした制度ではないのか」と思う人もいるようです。もし二〇四〇年代にマクロ経済スライドが終わるとしたら、そのあと六五歳になる人は何も影響を受けないのではないか――。ところが、そうではないのです。

(1)　過去の調整率が反映

まだ受給が始まっていない世代の年金は、どうなるのでしょうか。

こうした世代も、マクロ経済スライドの影響から逃れることはできません。それどころか、今後の年金財政の状況によっては、現在の想定より年金がかなり少なくなってしまう可能性さえあります。今の高齢世代より、もっと厳しい状況に直面する可能性が指摘されているのです。

では、マクロ経済スライドがどのように影響するのでしょうか。

なかなか説明が難しいのですが、六五歳になって受給が始まるとき、日本年金機構が算定する年金額の計算に、自分より上のすべての世代に適用された調整率が反映して、最初から年金額が抑えられてしまうということなのです。

(2) 豊かさについていけない

さらに説明を続けます。

これからの日本経済はどうなるのか。少子高齢化も進むことですし、私は必ずしも楽観的なイメージを持っていません。

しかし、厚労省はこれから長期的にみて日本経済が徐々に成長していくという前提で、年金財政の見通しを試算しています。

二〇一九年の財政検証では、標準的とされるケース（次章でみる「ケースⅢ」）だと、労働者の賃金が実質的に年一・一％ずつ上昇するという前提を置いています。

ちなみに、このケースで、物価上昇率は毎年一・二％という想定です。

物価が一・二％上昇し、労働者の賃金がそれを上回って実質年一・一％ずつ上昇する。そうすると、名目賃金上昇率はこの二つを合わせた年二・三％ということになります。つまり、経済成長で社会全体がしだいに豊かになって、賃金が物価上昇率を超えて上昇していく状態を思い描いているわけです。

そうだとしたら、今の若い世代が六五歳になって受け取る年金額も、本来は今の高齢者が受給しているより、賃金上昇分と同じぐらい多くなってほしいところですね。

実際、かつてはそうなるように年金額が決まる仕組みでした。六五歳で受給が始まる際の年金額に、過去の賃金上昇がそのまま反映していたのです。

ところが、マクロ経済スライドが実施されると、調整率が差し引かれ、そこまで多くならないように抑えられてしまいます。

わかったような、わからないような……。そんな感じかもしれません。第3章で、具体的なケースを使ってさらに説明します。

いずれにせよ、マクロ経済スライドは、決して今の高齢者を狙い撃ちした制度ではありません。厚労省の言い方を借りれば、「すべての世代が痛みを分かち合う」仕組みです。さらに言うなら、今の高齢者より将来世代のほうがもっと痛みを押しつけられる、という恐れが多分にあるのです。

4　なぜ導入されたのか

(1)　二〇〇四年改革

ここで、マクロ経済スライドが導入された経緯についても振り返っておきましょう。

話は今から二〇年近く前にさかのぼります。

第1章で、国の年金には、基礎年金と厚生年金という二つの給付があることを説明しました。少子高齢化の影響で、既にどちらも財政が苦しくなっていました。

それまで厚労省は、年金の保険料をだんだん引き上げてきていました。この結果、「いったいどこまで上がるのか」という不安の声が世の中にあふれました。特に、若い世代の不安は、そのころからとても深刻でした。

そこで、年金制度を担当している厚労省年金局の官僚たちは、「このままだと制度の維持が危うい」と危機感を抱きました。当時も与党だった自民党、公明党と水面下でいろいろと相談した結果、「保険料を際限なく引き上げるわけにはいかないから、この先もうしばらく引き上げを続けて、その後は打ち止めにしよう」ということになりました。

そして行われたのが、二〇〇四年の年金改革です。

保険料について、自営業者などが納める国民年金保険料は二〇一七年度以降、ずっと月一万六九〇〇円にする（ただし、経済の変動に応じて金額を調整する）[2]。厚生年金の保険料率は二〇一七年までに一八・三％に引き上げて、そのあとは固定する。このように決めたのです。

(2)　わかりにくくなった理由

しかし、そうは言っても少子高齢化は容赦なく進んでいきます。それなのに保険料の引き上げは打ち止めにするわけですから、従来通り年金の支払いを続けることはできません。もし給付を見直さなければ、虎の子の積立金が早晩枯渇し、そのあとは年金額をガクンと急激に減らすことになるかもしれません。

それを避けるには、もっと計画的に、早い段階から年金額を抑える必要があります。

問題は、どういうやり方をするか。

少し極端な例えかもしれませんが、もし政府がこう言ったら、どうなるでしょうか。

「高齢者の年金は、今から一律に一割カットします」

「若い世代が将来受け取る年金額も、今の予定より一割カットします」

このやり方は、とてもわかりやすいと思います。

しかし、いきなり一割減らしたら、暮らしに困る高齢者が続出し、それを見て、若い世代も自分の老後が心配になるかもしれません。政府に対する国民の反感が、一挙に強まる恐れもあります。

厚労省の官僚だけでなく、次の選挙を心配する与党の自民党や公明党も、それはまずいと考えました。

もっと穏やかで、国民が急に痛みを感じないようなやりかたはないのか。それで官僚たちが一生懸命に考えて、編み出した技がマクロ経済スライドだったのです。

年金額の伸びを抑えて、実質的に少しずつ目減りさせていく。マクロ経済スライドのこうした考え方に、一定の合理性はもちろんあります。しかし、急に痛みを感じさせない工夫をした結果、わかりにくい仕組みになったことも確かなのです。

5　機能不全に陥った

マクロ経済スライドは二〇〇四年の年金改革で導入され、本来は既に一〇年以上にわたって毎年実施されている予定でした。

ところが実際には、まだ二〇一五年度と二〇一九年度、二〇二〇年度の三回しか実施されていません。厚労省の狙いが外れ、機能不全に陥っているのです。

なぜそうなったのか。それは制度をつくる際、デフレになって物価や賃金が下落した時には実施しない決まりにしたからです[3]。

二〇〇四年の年金改革のころ、既に日本経済のデフレは始まっていました。しかし、「そんなに長くは続かない」と厚労省は甘く見たのです。

デフレのとき、物価の下落率に応じて年金額を減らすのは仕方ありません。しかし、さらに調整率も差し引くと減額が大きくなり、高齢者から強い反発を受ける可能性があります。デフレはいずれ終わるし、そういう例外的な事態で一時的にマクロ経済スライドが機能しなくなるのは仕方ない、という判断だったのです。

ところが、予想に反して物価や賃金の下落は長期化しました。厚労省の幹部らは後悔しましたが、その時はすでに後の祭りでした。

マクロ経済スライドは、まだたった三回しか実施されていません。このことが大きな要因となって、今の高齢者の給付はあまり抑制されず、当初の想定と比べて高止まりした「払い過ぎ」の状態になっています。

さきほど述べたように、保険料水準は二〇〇四年の改革で、将来にわたり固定されることが決まりました。つまり、財源には限りがあるわけです。今の状態だと、限りある財源を先食いする形になっているのです。

そのつけは、若い世代に回ります。特に、厚生年金と比べて基礎年金の水準が大きく下がることが懸念されています。

後ほど改めて説明しますが、今は四〇年加入の満額で月約六万五〇〇〇円の基礎年金は、今回の財政検証で標準的とされるケース（後述のケースⅢ）だと、現在三〇歳代の世代が受給するとき給付水準が約三割も下がってしまう見通しなのです。

6　手直し不十分

厚労省も、さすがに全く手をこまねいていたわけではありません。二〇一六年の法改正で、物価下落などの時に差し引くことができなかった分の調整率は、物価がその後に上昇したとき、まとめて差し引ける仕組みに改めました[4]。

二〇〇四年改革で決まった当初のルールでは、デフレで調整率を差し引けなかった場合でも、その調整率を翌年度以降に繰り越すことはできませんでした。法改正によって繰り越せるようになり、給付抑制の機能がいくぶんは強化されたことになります。

二〇一九年度はこの新ルールが初めて適用され、前年度に適用できなかった〇・三％と、二〇一九年度分の〇・二％を合わせた〇・五％が調整率として使われました。

しかし、日本経済の今後は予断を許しません。もしも将来またデフレが長期化すれば、給付抑制の実施が遅れ、財政が悪化します。デフレが何年間も続けば、実施できなかった調整率が大きく膨れあがっていきます。

また、ある年の物価上昇率がごく小幅で、調整率のほうが大きい場合には、調整率を全部差し引いて年金額をマイナスにすることはせず、年金額を据え置くことになっています。引き切れなかった分の調整率は、やはり翌年度以降に繰り越されます。

そのような状態が何年か続いてから物価が上昇に転じたとき、溜まっていた調整率をいっぺんに差し引くと、高齢者の暮らしに与える影響は小さくありません。

例えば、仮に物価が三％の上昇に転じたのに、溜まっていた調整率三％が差し引かれて年金額は据え置き、といったこともありえます。

そういう場合、もしかすると政治家が高齢者に配慮して、特例法を作ってマクロ経済スライドを停止したり、小幅にとどめたりするかもしれません。給付水準の抑制がなかなか進まず、そのしわ寄せで後になって将来世代の年金が大きく減ってしまう恐れもあります。

マクロ経済スライドがまた機能不全に陥る事態を避けるためには、デフレの時にも調整率を完全に差し引いて着実に実施できるように、今から法改正で制度を手直ししておく必要があると思います。

（1）より詳しくいうと、現役世代の賃金が上昇し、納める保険料が増えると、その人たちが将来受給する年金額も増えます。この点だけを考えると、現役世代の賃金が伸びることが年金財政にとって単純にプラスとは言えません。しかし、現役世代の賃金が上昇しても、既に受給している高齢者の年金は基本的に物価上昇率の範囲内でしか増えないので、賃金上昇率が物価上昇率を大きく上回るほど（つまり実質賃金上昇率が大きくなるほど）年金財政にとってはプラスとなります。また、現役世代の納める保険料が増えても、年金給付が増えるのは将来のことなので、予定していた積立金の取り崩しスケジュールを遅らせることができます。この結果、積立金の運用収入がより多く見込めるようになることも、年金財政にとってプラスの要因となります。

（2）具体的には、名目賃金の変動に合わせて金額が改定されます。

（3）一九九九年からの三年間にわたり物価が下落した際、当時の自民、公明連立政権は高齢者の反発を恐れて年金額を減らさず、据え置く特例措置を講じました。この結果、高齢者が受給中の年金額が本来より二・五％高い、払い過ぎの状態（特例水準）となりました。政府は「いずれ物価が上昇したとき、年金額を増やさず据え置くことで本来の水準に戻そう」と考えていたのですが、デフレが続いたため実現できず、やむなく二〇一三年度から三年かけて年金額を段階的に計二・五％引き下げ、本来の水準に戻しました。マクロ経済スライドの実施は、この特例水準の解消が前提とされていたため、当初の想定より大幅に遅れてしまいました。

（4）この法改正では、ほかにも不況のとき年金財政の悪化を防ぐためのルールができました。公的年金は現役世代が保険料を納めて高齢者を支える仕組みなので、現役世代の賃金が減った場合は高齢者の年金もそれに応じて引き下げないと、財政が悪化します。ところが、この改正以前には、①デフレで物価が下落し、現役世代の賃金がさらに大きく下落した場合でも、高齢者の年金額は物価下落率に合わせてしか減らさない、②物価が上昇する一方で賃金が下落した場合には、年金額は据え置く――という決まりになっていました。法改正によって①②の場合ともに、高齢者の年金は賃金下落率に合わせてマイナス改定を行うことになりました。もしも今後の日本経済が不況に見舞われ、賃金が大きく下落する状況となった場合には、この改正が年金財政の安定に意味を持つことになります。

第3章　財政検証の「ケースⅢ」

1　六ケースの中で「標準的」

この章と次の第4章では、厚生労働省が二〇一九年八月に公表した財政検証結果について説明します。

と言っても、厚労省は財政検証で、今後の経済成長などの見通しをさまざまに変えた六通りのケースを想定して試算を行っています。いきなりそのすべてを紹介すると、話がわかりにくくなりそうです。そこで、この章ではまず、六つのうち標準的とされる「ケースⅢ」を取り上げます。

「標準的とされる」と、少しあいまいに表現したのには理由があります。厚労省は六つのケースのうち、どれがメインシナリオ、つまり基本となるケースなのかを明言していないのです。そこをはっきりさせると、実現できるのかどうか国会で野党から追及される、などの事情もあるのかもしれません。

ただ、厚労省は各種の説明資料でケースⅢのデータを引用することが多く、国会や審議会などでの年金改革の議論も、このケースⅢを中心として進められました(1)。

あらかじめ心に留めていただきたいのは、財政検証で厚労省が置いた諸前提について、専門家の間で全般的に「楽観的過ぎる」という指摘が目立つことです。未来のことは誰にもわかりませんが、六通りの中では標準的とされるケースⅢについても、後で振り返ると楽観的だったということになる可能性もあります。

2 所得代替率とは

では、ケースⅢを見ていきましょう。

ここで登場するのは「モデル世帯」の夫婦です。夫が平均的な給料で四〇年勤めた会社員OB、同い年の妻はずっと専業主婦で、一度も会社に勤めたことがないという想定です。

これはいわば「昭和モデル」ですね。日本では既に、共働き世帯数が専業主婦世帯数を上回っています。このような専業主婦世帯をモデルに使うことが妥当なのかどうか、さまざまな批判があるのですが、それはひとまず置いておきます[2]。

財政検証とは要するに、今はまだ若い世代が六五歳になったとき、「モデル世帯」で見ると、給付水準がどこまで低下しているかを試算することなのです。

左の図を見てみましょう。この図は、今回の財政検証が行われた時点、つまり二〇一九年度に六五歳のモデル世帯の年金を示しています。

モデル世帯の所得代替率
（2019年度の65歳）

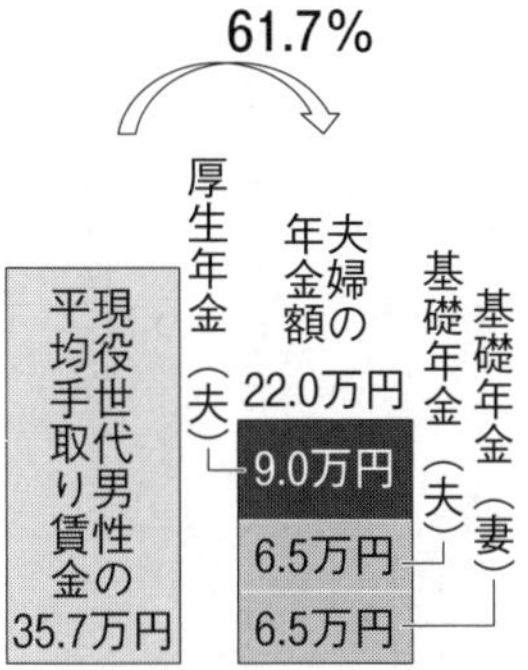

※金額は月額
出典：財政検証結果

このモデル世帯は、一か月あたり二二万円の年金を受け取ることができます。内訳は、夫の厚生年金が九万円と、夫婦それぞれの基礎年金が六・五万円ずつです。

これを現役サラリーマンの賃金と比べると、どうなるでしょうか。

同じ時点で、現役世代の男性の平均手取り賃金（一年間の賞与の一二分の一を加味した金額。以下も同じ）は月三五・七万円です。この賃金と比べると、年金は六一・七％になっています。

こうやって現役世代の賃金と比べて計算した年金の割合は、専門用語で「所得代替率」と呼ばれています。この所得代替率という用語は、年金の給付水準を表す代表的な指標として、これから先もしばしば出てきます。

大事なところなので、もう一度おさらいします。

所得代替率とは、モデル世帯の年金額が、同じ時点の現役サラリーマンの平均的な賃金を物差しにして比較したときに、その何%に当たるかを示す数値です。

比較の対象とする賃金は、その時点の現役世代、つまり、年金受給者より後に生まれた世代が稼いでいる賃金です。「自分が若いころ稼いでいた賃金と比べて」ということではありません。

モデル世帯が六五歳の時点で、自分より後に生まれた現役世代の平均的な賃金と比較して、今は六割強にあたる金額の年金を受け取れるということなのです。

「ケースⅢ」の所得代替率と年金額

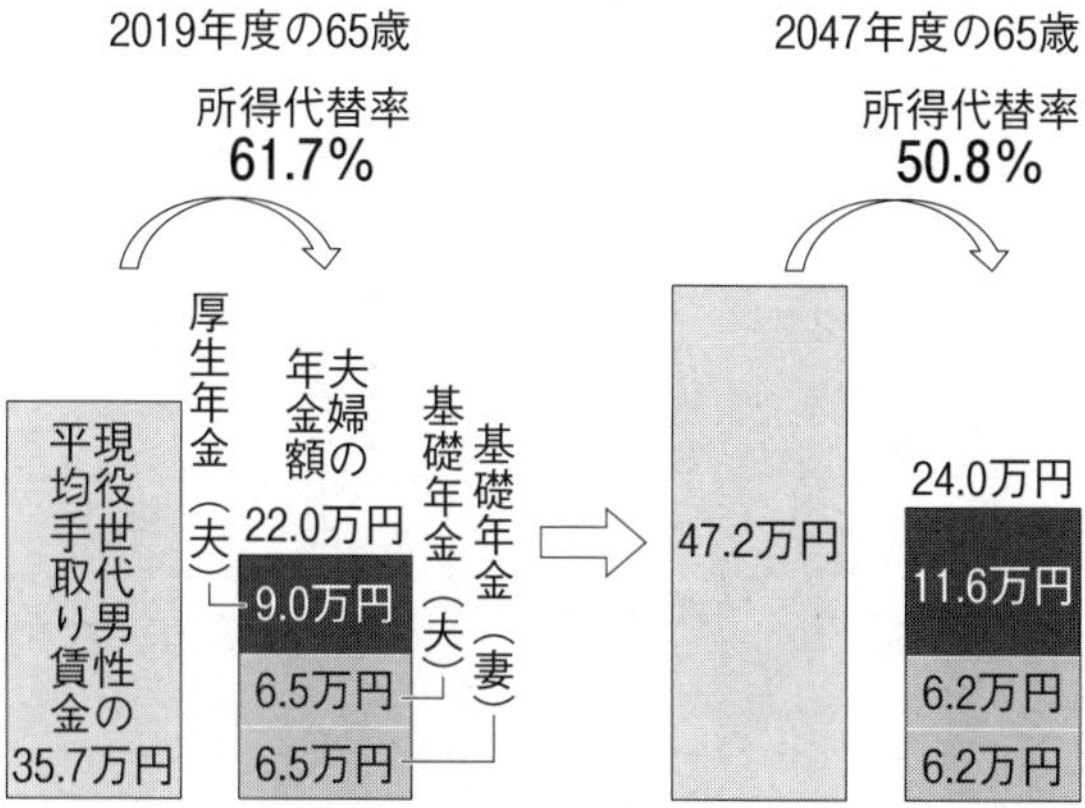

※夫婦はモデル世帯。金額は月額で、2047年度は現在の物価水準に換算

出典：財政検証結果

3　将来のモデル世帯

今度は、上の図を見てみましょう。

この図の左側は、いましがた49ページで見た、二〇一九年度に六五歳のモデル世帯です。

新たに登場した右側に注目してください。二〇四七年度に六五歳になる世代、つまり今は三〇歳代後半のモデル世帯が将来受け取る年金を示しています。

二つの世代の間で、所得代替率はどう変化するでしょうか。

図の左側、二〇一九年度に六五歳となったモデル世帯の所得代替率は、六一・七％でしたね。

では、図の右側、二〇四七年度に六五歳となるモデル世帯はどうでしょうか。

この世代が受け取る年金額は、今の物価に換算すると、夫婦合計で一か月あたり二四万円と試算されています。

一方、その時点で現役世代男性の平均手取り賃金は、同じく今の物価に換算して月四七・二万円になると試算されています。モデル世帯の年金額は、その五〇・八％にあたります。

これが、いま三〇歳代後半の世代が将来受け取る年金の所得代替率です。

もういちど、二つの世代を比べてみましょう。

六五歳時点の所得代替率は、六一・七％から五〇・八％に低下しています。

これは後に生まれた世代の給付水準が、今のシニア世代より二割近く低くなることを意味します（五〇・八÷六一・七＝〇・八二）。現役世代の賃金の「六割強」が「五割強」に下がってしまうのです[3]。

第2章で見たように、マクロ経済スライドが実施されると、今の若い世代が六五歳になって受給が始まるときの年金額に、過去の賃金上昇が完全には反映しなくなります（そこから調整率が差し引かれる）。所得代替率は現役世代の賃金を物差しに使うので、しだいに低下していくわけです。

ただし、このケースⅢでは、マクロ経済スライドは二〇四七年度に終了するという試算結果となっています。ここまで所得代替率を引き下げておけば、あとは長期間にわたって年金を安定的に支給し続けられる見通しが立つということです。

この図の右側にある「二〇四七年度の六五歳」とは、つまり、マクロ経済スライドがちょうど終了する時点で六五歳になる世代のことです。

これより後に生まれた世代も、六五歳時点の所得代替率は五〇・八％です。マクロ経済スライドが終了することによって、所得代替率が二〇四七年度以降は下げ止まるのです。

4　所得代替率が五割に低下

ここまでの説明、どうだったでしょうか。

私の経験だと、講演などでこの話をしても、聴いてくださった側はさまざまな疑問が浮かんできて、すんなり「わかった」とはいかない場合が多いようです。
さらに説明を進める前に、もう一度、マクロ経済スライドについて、ここまでの話をまとめておきます。

現実に受給できる年金額は人によってさまざまですが、夫が平均的な会社員、妻がずっと専業主婦だったモデル世帯の場合、受給開始の六五歳時点で受け取る年金は、次のようになります。

・現在のシニア世代は、いまの現役世代男性の平均手取り賃金の六割強に当たる年金を受け取れる。
・だが、後に生まれた世代ほど受給開始時点の所得代替率が下がり、いま三〇歳代後半の世代が六五歳になるときには、五割強しか受け取れなくなる。
・ただし、マクロ経済スライドが二〇四七年度に終了するため、さらに後に生まれた世代も六五歳時点では五割強を受給できる。

とりあえず、このようにごく大まかに理解していただいた上で、さらに説明を続けたいと思います。

年金額はどう変化するか

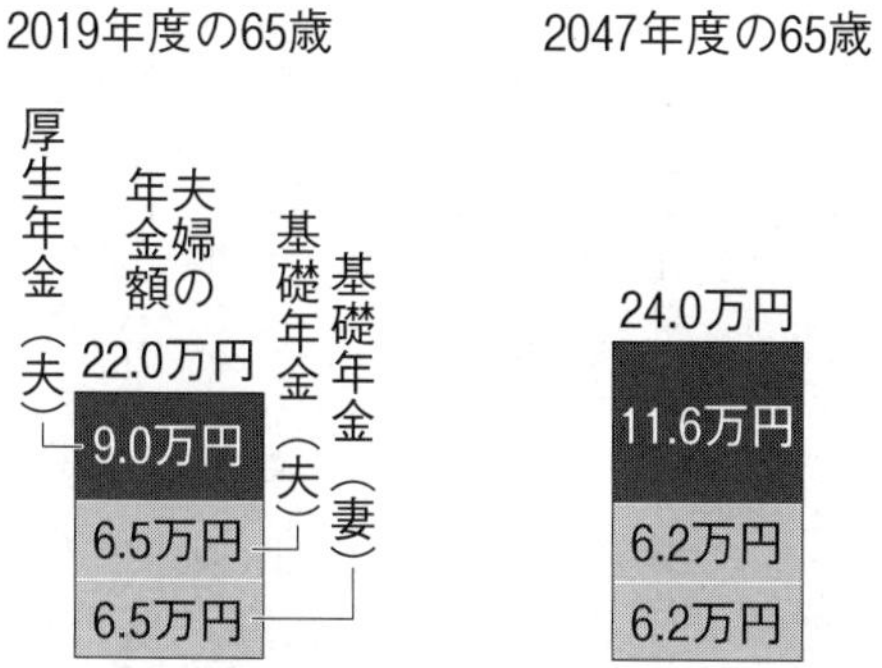

※ケースⅢのモデル世帯。金額は月額で、2047年度は現在の物価水準に換算

出典：財政検証結果

5　金額でみると増える

今度は年金の「金額」に注目してみましょう。もしかすると、少し意外なことがわかるかもしれません。

上の図は、さきほど見た所得代替率の説明図（51ページ）から、年金額の部分だけを取り出したものです。

図の左側から見ていくと、二〇一九年度に六五歳のモデル世帯が受け取る年金額は、月二二万円でした。

一方、この図の右側、二〇四七年度に六五歳になる世代が受け取る年金額は月二四万円です。二万円増えていますね。

ここまで、年金が実質的に目減りするという説明をしてきました。それなのに、金額で見ると増えています。所得代替率は下がるのに、金額は増える。なぜでしょうか。

「物価が上がるからではないか」と思われるかもしれませんが、そうではありません。

二〇四七年度に六五歳の世代が受け取る「二四万円」は、これから想定される物価上昇分を割り引いて、現在の物価に換算した金額です。将来の名目額ではありません。考え方としては、もし物価が二倍になれば、その名目額を二で割って現在の価値に直すというやり方で計算した金額です。

後に生まれた世代の所得代替率は下がるけれど、今の物価に換算した年金額は増える。その理由は次の通りです。

第2章でも触れたように、厚労省はこれから物価が徐々に上昇し、現役世代の賃金がさらにそれを少しずつ上回って伸びることを想定しています。現役世代の賃金水準が実質的に向上し、今より豊かになる状態を思い描いているわけです。

もし仮にそうなるとすれば、今の若い世代か六五歳になって受給し始める時点の年金額も、できれば今のシニア世代より賃金上昇分だけ多くなってほしいところです。実際、かつてはそういう考え方に基づいて、受給開始時点の年金額が後の世代ほど賃金上昇分だけ多くなる仕組みになっていました。

ところが、マクロ経済スライドが実施されると、新たに受給が始まる六五歳時点の年金額は、現役世代の賃金水準が上昇した割には多くなりません。所得代替率はその時々の現役世代の賃金を物差しに使うので、後に生まれた世代のほうが低くなってしまいます。

では、現役世代の賃金が上昇したことが、六五歳時点の年金額にはほとんど反映しないのでしょうか。

さすがにそんなことはありません。このケースⅢの場合、名目額は今のシニア世代と比べて、物価上昇率を少し上回る程度には多くなります。

この結果、現在の物価に換算した金額も増えるわけです[4]。

いかがでしょう。「所得代替率は下がるが、年金額は増える」という禅問答のような話、腑に落ちたでしょうか……。ここが、一般の人がマクロ経済スライドを理解するうえで、一番難しいところかもしれません。のちほど、いくつかの世代の例を取り上げる中で、改めてこのことに触れたいと思います。

6　基礎年金の給付水準は三割下がる

(1)　金額でみても減る

ここまで、夫が厚生年金に加入していたモデル世帯について、所得代替率と年金額を見てきました。

でも、現実には厚生年金を受給できない人もたくさんいます。そこで次に、基礎年金だけを取り出して、将来どうなるのか見てみましょう。

次のページの図をごらん下さい。

この図は、基礎年金一人分（四〇年加入の満額）の給付水準がどのように変化するかを示しています。

つまり、51ページで見たモデル世帯の所得代替率の図から、夫の厚生年金と、基礎年金一人分を取り除いたものです。

二〇一九年度の基礎年金は、月六・五万円です。同じ時点の現役世代男性の平均手取り賃金（三五・七万円）と比べると、一八・二％に当たります。

給付水準は年々低下し、マクロ経済スライドが終了する二〇四七年度以降の六五歳は一

基礎年金の給付水準低下（ケースⅢ）

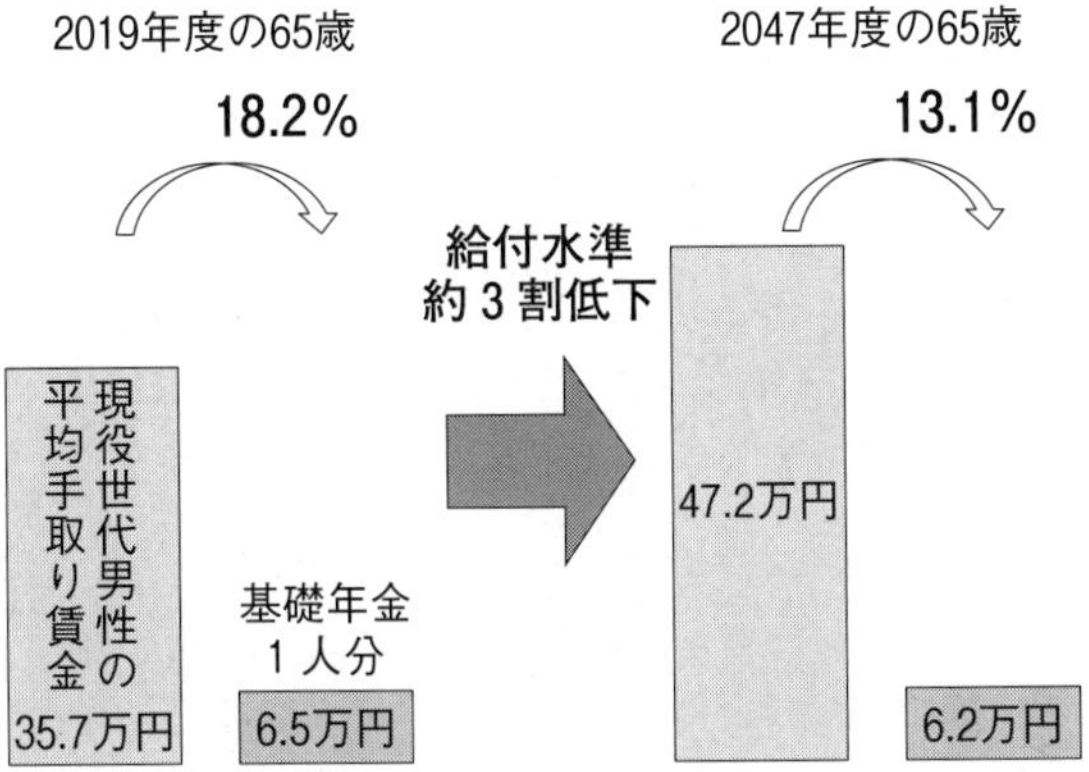

※金額は月額。2047年度は現在の物価水準に換算
出典：財政検証結果をもとに著者作成

三・一%になります。

一八・二%と一三・一%を比べると、給付水準が約三割も低下しています（一三・一÷一八・二＝〇・七二）。同じ期間にモデル世帯の給付水準が約二割下がるのと比べると、基礎年金だけを見たほうが大きく低下していますね。

さらに、今の物価に換算した金額も、月六・五万円から二〇四七年度には月六・二万円に減っています。

基礎年金の満額は、職業にかかわらず、受給し始める年度が同じであれば同額です。つまり、会社員OBでも、専業主婦でも、自営業者でも、四〇年加入だと二〇一九年度の六五歳は月六・五万円、二〇四七年度の六五歳は月六・二万円です。

職業を問わず、六五歳時点の基礎年金は将来、給付水準が約三割低下し、今の物価に換算した金額で見ても減ってしまうのです。

さきほど、モデル世帯で見ると年金額が増える、という説明をしました。これは、基礎年金額は減るけれど、厚生年金がそれを上回って増え、差し引きでプラスになっているということなのです。

(2) マクロ経済スライドが長期化

なぜ、基礎年金は給付水準が大きく下がるのでしょうか。

それは、厚生年金と比べると、基礎年金（加入する制度としては国民年金）の財政状況が良くないからです。さらに詳しくいえば、基礎年金のうち、自営業者や多くの短時間労働者、フリーランスの人、無職の人など（国民年金の第一号被保険者）が入っている部分の財政が脆弱です。このことが足を引っ張る形となり、会社員や公務員、サラリーマン世帯の専業主婦も含めた基礎年金全体の給付水準が下がってしまうのです。

厚労省は財政検証の際、先に基礎年金、そのあと厚生年金という順番で計算を行います。まず、基礎年金の財政を長期的に安定させるためには、基礎年金にマクロ経済スライドをどのぐらいの期間、実施する必要があるかを試算します。

今回の財政検証で、ケースⅢの場合、二〇四七年度まで二八年間という長期間にわたってマクロ経済スライドを実施し、給付水準を大きく下げないと、将来にわたり基礎年金を安定的に給付することはできないという結果になりました。この結果、基礎年金については、給付水準が現在より約三割も低下することになったのです。

厚労省は、こうやって基礎年金の計算を先に済ませたあと、今度は厚生年金について、財政を長期的に安定させるために、マクロ経済スライドをどのぐらいの期間にわたり実施する必要があるかを計算します。

そうすると、どんなことが起きるでしょうか。

第1章で、会社員が納める厚生年金保険料には厚生年金を受給するための分だけでなく、基礎年金を受給するための分も含まれていると説明しました。これはつまり、厚生年金の財政から、厚生年金を支給するためのお金と、基礎年金を支給するためのお金の両方が出ていっていることを意味します。

既に見たように、基礎年金には二〇四七年度まで二八年間にわたってマクロ経済スライドを実施し続け、給付水準を約三割下げることになりました。基礎年金の給付水準が大きく下がるということは、つまり、厚生年金の財政から将来出ていく基礎年金分のお金が少なくて済むということです。

この結果、厚生年金の財政は楽になり、厚生年金にはあまり長くマクロ経済スライドを実施しなくて済むようになるのです。

厚生年金のマクロ経済スライドは、ケースⅢでは二〇二五年度に終了します。今回の財政検証から、わずか六年後です。従って厚生年金だけに限っていえば、給付水準の低下はそれほど深刻とはいえません(5)。

これまで、話を単純にするために、マクロ経済スライドが二〇四七年度に終了すると説明してきました。しかしこれは、厚生年金と基礎年金のマクロ経済スライドが、同時に二〇四七年度で終わるということではありません。

より正確に言うと、厚生年金のマクロ経済スライドが先に終わり、その二二年後の二〇四七年度に基礎年金も終わることによって、マクロ経済スライドが完全に終了するということなのです。

(3)　生活保護が増える恐れ

基礎年金の給付水準が大きく低下する見通しが示されたのは、実は、今回の財政検証が初めてではありません。一〇年前の二〇〇九年財政検証と、五年前の二〇一四年財政検証でも、基礎年金の給付水準が厚生年金より大きく下がりそうだという、ほぼ同様の試算結果が出ていたのです。

このようなことが起きたのは、日本経済のデフレが長引いたことが原因です。

第2章で、マクロ経済スライドが物価下落時に実施できず、機能不全に陥ったことを説明しました。それだけでなく、デフレのとき基礎年金の給付抑制が進まなくなるルールが他にもあったため、[6]高齢者の年金は今も「払い過ぎ」といえる状態になっています。

マクロ経済スライドが導入された二〇〇四年の年金改革の時点で、モデル世帯の六五歳時点の所得代替率は五九・三％でした。そこからしだいに低下して、標準的なケースでは二〇二三年度に五〇・二％で下げ止まると試算されていました。当初の見込み通りであれば、もうあと数年でマクロ経済スライドが終了するはずだったのです。

ところが実際には、今回の財政検証が行われた二〇一九年度時点で六一・七%と、〇四年改革の時点から下がるどころか、逆に上がってしまっています。これは基礎年金額の高止まりが原因です。デフレの時に現役世代の賃金が物価より大きく低下したのに、高齢者の基礎年金額がそれに応じて下がらなかったために起きたことなのです。

保険料水準は将来にわたって固定されており、財源には限りがあります。このように財源の先食いを続けているあおりで、基礎年金は将来の給付水準が約三割も下がってしまう見通しなのです。

基礎年金の給付水準低下は、どんな結果をもたらすでしょうか。

ほぼ確実に言えるのは、このままだと基礎年金だけしか受給できない自営業者や短時間労働者など第一号被保険者の多くは、老後の暮らしが厳しくなりそうだということです。しかも、第一号の中には国民年金保険料の未納などで、基礎年金の満額を受け取れない人が大勢います。老後に貧困状態となり、生活保護を受給する人が増える心配があります。その財源をまかなうための税負担が、将来の現役世代に重くのしかかるかもしれません。これは一種の「つけの先送り」のようなものです。

また、厚生年金は加入していた期間が短かったり賃金が低かったりすると、受給できたとしても金額が少なくなります。こうした人たちにとっても、基礎年金こそが頼みの綱なので、給付水準の低下はやはり深刻な問題です。総じていえば、現役時代の収入が少なかった人ほど、基礎年金の給付水準低下で受けるダメージは大きく、貧困状態に陥ることが懸念されます。一〇年前の財政検証で既にこうした事態が予想されていたにもかかわらず、いまだに十分な手立てが講じられていないのです。

7　四つの世代を見ると

(1)　世代の設定

話をケースⅢの内容に戻して、さらに詳しく見ていきましょう。

ここでは、四つの世代を取り上げます。いずれもモデル世帯、つまり夫が平均的な会社員、同い年の妻がずっと専業主婦だった世帯です。

①現在六五歳（一九五四年度生まれ）

②現在五〇歳（一九六九年度生まれ）
③現在三五歳（一九八四年度生まれ）
④現在二〇歳（一九九九年度生まれ）

「現在」とは、今回の財政検証が行われた二〇一九年度のことだとします。

このうち①は、さきほどから何度も登場している、二〇一九年度に六五歳を迎えたモデル世帯です。

②は、まだマクロ経済スライドが実施されているさなかの二〇三四年度に六五歳を迎えます。つまり、年金受給が始まった後も、二〇四七年度まで一〇年以上にわたり毎年、マクロ経済スライドの影響を受ける世代です。

③と④は、いずれも二〇四七年度にマクロ経済スライドが終了したあとで六五歳になり、年金受給が始まる世代です。

この四つの世代の年金がどうなるのか。六五歳時点だけでなく、受給が始まったあと、年を取るにつれてどうなっていくのかについてもグラフにしてみました（68ページ）。

(2) 四つの世代の所得代替率

(1) 現在六五歳の世代

まず、現在六五歳のモデル世帯から見ていきましょう。

グラフは縦軸が所得代替率になっています。つまり、夫婦合計の年金額が、その時々の現役サラリーマンの平均手取り賃金と比べて何％に当たるかを示しています。

この世代が六五歳の時点で、モデル世帯の年金額は月二二万円でした。

一方、同じ時点で、現役世代の賃金は月三五・七万円。所得代替率は六一・七％です。その時点のサラリーマンの平均手取り賃金と比べると、六割強の年金を受給できることになります。

しかし、受給が始まるとすぐ、グラフは右肩下がりになります。そして九〇歳を少し過ぎたあたりで、所得代替率は四〇・六％にまで低下します。

なぜ、右肩下がりになるのでしょうか。

ここまで読んでくださった方々は、おそらく「マクロ経済スライドが実施されるから」という答えが思い浮かんだと思います。

確かに、それも要因の一つです。

四つの世代の年金
所得代替率はこう変わる（ケースⅢのモデル世帯）

出典：財政検証結果をもとに著者作成

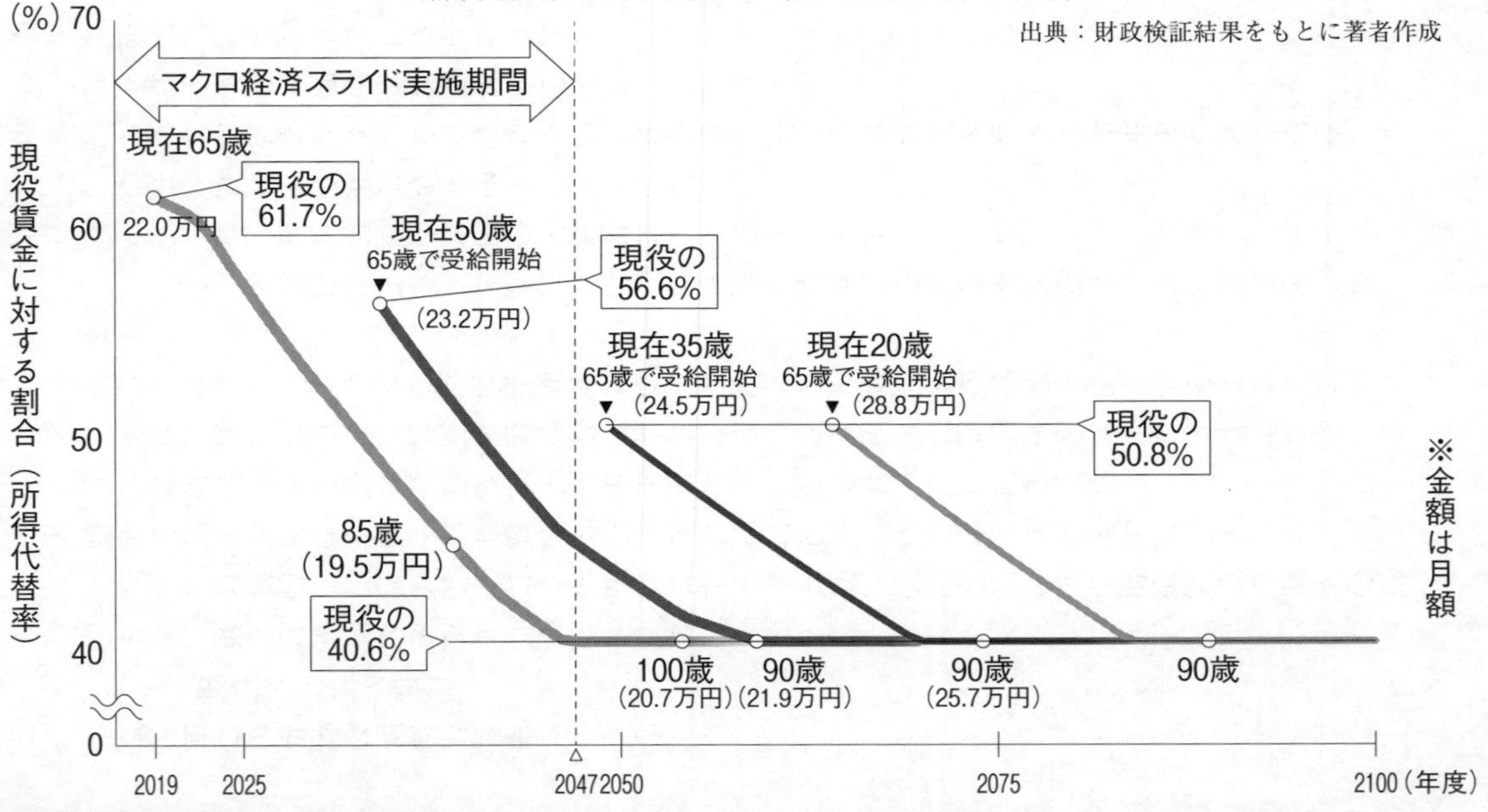

既に見てきたように、いったん受給が始まった高齢者は、物価が上昇しても、そこから年一％前後の調整率を差し引いた率でしか年金を増額してもらえません。このケースⅢでは、物価上昇率が長期的に年一・二％になると想定しています。いったん受給が始まった年金の名目額はそれより低い率でしか増えず、実質的な購売力が目減りしていきます。マクロ経済スライドによる目減りは、このケースⅢでは二〇四七年度まで続くと見込まれています。

でも、実は、もうひとつ大きな要因があるのです。

年金はいったん受給が始まってしまうと、現役世代の賃金が上昇して世の中が豊かになっても、物価上昇率の範囲内でしか増えていきません。このことが大きな要因なのです。順を追って説明します。

年金財政がまだ現在ほど厳しくなっていなかった一九九〇年代まで、高齢者の年金はいったん受給が始まった後も物価上昇率より大きく、現役世代の賃金上昇率に応じて金額を増やしてもらえるルールになっていました。

これまでも繰り返し見てきたように、厚労省は今後の日本経済について、労働者の賃金が物価上昇率を少しずつ上回って実質的に増えていくと想定しています。従って、かつてのルールが今も続いていれば、いったん受給が始まった年金の名目額も、物価上昇率を上回って増えていくはずでした。現役世代の賃金が増えて世の中全体が実質的に豊かになることに、高齢者が受給中の年金もついていくことができたのです。

ところがその後、年金財政が厳しくなったことから、このルールは変更を迫られました。二〇〇〇年の年金改革で、いったん年金受給が始まった六五歳以降は、年金の名目額を物価上昇率に合わせてしか増やさないことになったのです。

受給が始まる時点の年金は、それまでの現役世代の賃金上昇を反映させて金額を決める。だが、いったん受給が始まったあとは、物価上昇率に合わせてしか名目額を増やさない。このように決まったのです。

いったん受給が始まったあと、毎年の物価上昇率に合わせて年金の名目額を増やす物価スライドは保証されることになりました(例えば物価が一%上がれば、年金の名目額も一%増える)。しかし、物価上昇率を超えて現役世代の賃金が実質的に上昇しても、年金額はそれについていくことができません。

所得代替率は現役世代の賃金と比べた年金額の割合を示す値なので、この改革の結果、いったん受給が始まると、その後は年齢を重ねるほど下がっていくことになりました。これは年金で暮らす高齢者の経済的地位が、現役世代と比べると、社会の中で年齢とともに低下していくことを意味しています。

グラフが右肩下がりになるのは、この二〇〇〇年改革による年金額の改定方法の変更が大きな理由なのです。

とはいえ、二〇〇〇年改革以降、日本では現役世代の賃金がほとんど上がらなかったり、逆に下がったりする状態が長く続きました。

現役世代が少しずつ豊かになり、高齢者が年齢とともにそこから取り残されていくという状況は、現実には生じなかったのです。このため、二〇〇〇年改革の影響は、一般の年金受給者にはあまり認識されていません。

その後、二〇〇四年の年金改革でマクロ経済スライドが導入され、以後は物価上昇率から調整率を差し引いた率でしか、年金の名目額が増えないルールになりました。このことが、財政検証結果でグラフの右肩下がりがさらに急角度になる結果をもたらしたのです。

以上のように、グラフが右肩下がりになる理由は、年金改革が行われた順番でいうと、①

いったん受給が始まった年金の増額が現役世代の賃金上昇についていけない仕組みになった、②マクロ経済スライドが導入された——という二つです。

ただし、グラフが右肩下がりになると言っても、際限なく下がり続けるわけではありません。九〇歳代前半に四〇・六％で下げ止まり、あとはグラフが水平飛行となります。どんなに長生きしても、モデル世帯では、その時点のサラリーマンの平均手取り賃金の約四割を受け取れるということになります。

所得代替率が下げ止まり、その後は一定で推移するのはなぜでしょうか。

それは厚労省が今後、給付水準低下の歯止め措置を導入する予定だからです。この仕組みはかなり複雑なのですが、思い切って簡略化していえば、モデル世帯の所得代替率が年を取っても四〇％か、その少し手前で下げ止まるようにするということです(7)。

ある年度に生まれたモデル世帯の所得代替率が四〇％近くまで下がると、それ以降は年金が現役世代の賃金上昇率に合わせて増額されるようになります。現役世代の賃金上昇に年金がついていけるようになるため、所得代替率が四〇％の少し手前で横ばいとなるのです。

（2）現在五〇歳の世代

次に、現在五〇歳の世代を見てみましょう。

68ページのグラフで、この世代が六五歳を迎えて受給し始める時点の所得代替率は五六・六％となっています。現在六五歳の世代（所得代替率六一・七％）と比べると、約五ポイントも低下しています。

第2章で、マクロ経済スライドの影響は既に年金受給が始まった高齢者だけに及ぶのではなく、まだ受給していない世代もその影響から逃れることはできないという説明をしました。このことが、六五歳で受給が始まる時点の所得代替率が低くなる形で表れています。

現在五〇歳の世代は、さきほど見た現在六五歳の世代より一五年後に生まれています。受給が始まるとき日本年金機構が算定する年金額に、その一五年間分の調整率が反映しているのです。

この世代も受給が始まってすぐ、グラフが右肩下がりとなっています。

理由はもうおわかりですね。

マクロ経済スライドが終了する二〇四七年度までは、さきほどの「現在六五歳の世代」で説明したのと同じ二つの要因、つまり①いったん受給が始まった年金の増額が現役世代の賃金上昇についていけない仕組みになった、②マクロ経済スライドが導入された――が理由です。二〇四七年度にマクロ経済スライドが終了すると②の要因がなくなり、グラフの傾きがやや緩やかになります。

そして九〇歳のころ、グラフは底打ちして横ばいになります。所得代替率が四〇%の少し手前で下げ止まるようにする、前述の歯止め措置が働くからです。

（3） 現在三五歳の世代

この世代が六五歳になって年金受給が始まるのは、二〇四九年度です。すでに二年前の二〇四七年度に、マクロ経済スライドは終了しています。

この世代も含め、二〇四七年度以降に受給が始まるすべての世代は、六五歳時点の所得代替率が五〇・八%まで低下しています。自分たちより上のすべての世代に実施されたマクロ経済スライドの調整率が、受給開始時の年金額の計算に反映するからです。

受給開始後、グラフは右肩下がりになりますが、これはマクロ経済スライドとは関係ありません。前述のように二〇〇〇年改革の影響で、いったん受給が始まった年金額の改定が現役世代の賃金上昇に追いつけず、所得代替率が低下するのです。

八〇歳代半ばで所得代替率が四〇・六％まで下がると、給付水準低下の歯止め策によって、あとは所得代替率が横ばいになります。

（4）現在二〇歳の世代

この世代が六五歳になって年金受給が始まるのは、二〇六四年度です。過去に実施されたマクロ経済スライドの影響によって、（3）で見た現在三五歳の世代と同じく、受給開始時点の所得代替率は五〇・八％まで下がっています。

グラフが右肩下がりになる理由も、八〇歳代半ばでグラフが横ばいになる理由も、現在三五歳の世代と同様です。

(3)　金額でみると増える

ここまで、四つの世代について、モデル世帯の年金がどうなるのか、所得代替率に注目して見てきました。すべての世代で、年金が右肩下がりになっていることが印象に残ったのではないでしょうか。

四つの世代を金額で見ると

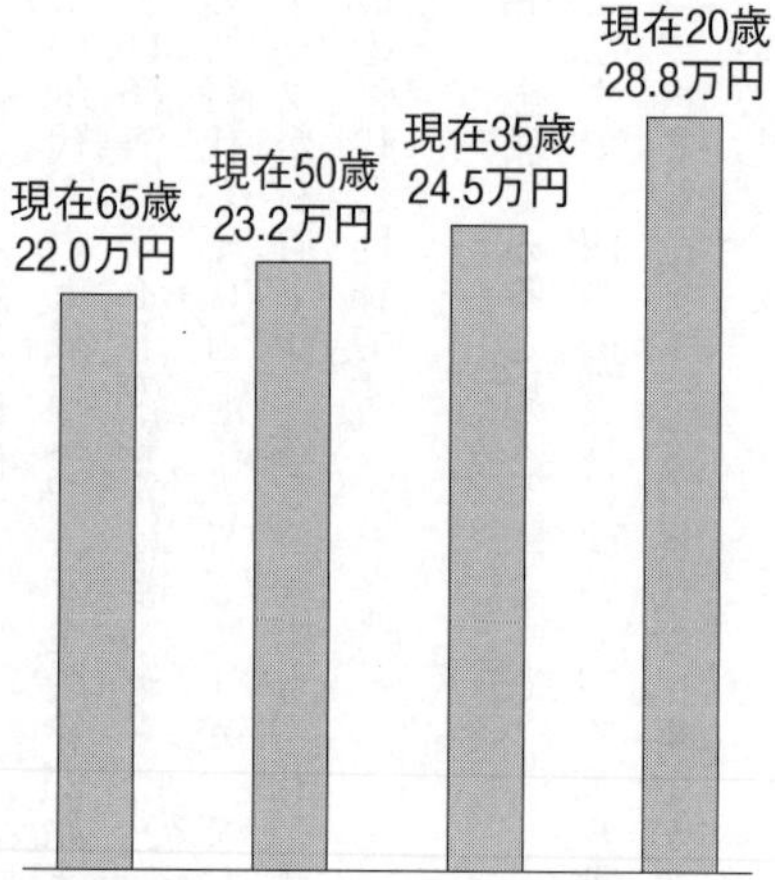

※金額は65歳時点の月額。ケースⅢのモデル世帯

出典：財政検証結果をもとに著者作成

しかし、所得代替率ではなく「年金額」に注目すると、また違ったことが見えてきます。

上の図は、さきほどのグラフ（68ページ）の中に記入してあった、各世代の六五歳時点の年金額を示しています。年金額は今後の物価上昇の影響を取り除いて、今の物価に換算してあります。

後に生まれた世代ほど、金額が増えていますね。今の若い世代にとっては、朗報かもしれません。

この章の最初のほうでも説明した、「所得代替率は下がるけれど、金額で見ると増える」という現象です。六五歳になって日本年金機構が年金額を算定する際、マクロ経済スライドの影響を受けるものの、現役世代のそれまでの賃金上昇が多少は年金額に反映するのです。[8]

ただし、年金額が増えるというのは、あくまで厚生年金を受給できる世帯の話です。基礎年金は将来、給付水準が今より約三割下がることを既に見てきました。基礎年金だけだと、例えば現在三五歳の人が受給し始める時点では、一人分の満額が今の物価に換算して月六・三万円となり、現在より二〇〇〇〇円ほど少なくなってしまいます。

8　未来の年金を何で測るか

ここまで、マクロ経済スライドと二〇〇〇年改革の影響について説明してきました。未来の年金について、具体的なイメージは見えてきたでしょうか。

所得代替率で考えたほうがよいのか、それとも現在の物価に換算した年金額なのか、よくわからないという方も多いかもしれません。

この点については諸説あるものの、私は基本的に所得代替率を中心に考えるほうがよいと思います。世の中の変化は速く、何十年も先に何をいくらで買うことができるのか、予測は困難です。年金を〇〇円受け取れる、と言われても、それに一体どのぐらいの使いでがあり、どんな水準の生活ができるのか、いまひとつわからないのです。

それに比べると、所得代替率で考えるほうが、いくぶんましだと思えます。

将来の所得代替率が下がるということは、繰り返しになりますが、世の中全体でみたときに、現役世代と比べて年金生活者の経済的な地位がしだいに下がっていくということです。所得代替率で考えることによって、社会の中で年金生活者の暮らし向きがどの程度になるのか、ある程度は想像できるのではないでしょうか。

(1) 安倍首相は年金改革関連法案の国会答弁で、ケースⅢを「代表的なケース」だと述べました(二〇二〇年四月一四日、衆院本会議)

(2) 専業主婦世帯モデルに批判が強まったことを受け、厚労省は近年、モデル世帯という用語をあまり使わず「モデル年金」「モデル年金の世帯」などと表現しています。しかし、本質にあまり変わりはないと思いますし、関係者の間では今もモデル世帯という用語が一般的です。この本もモデル世帯という用語を使って説明します。

(3) 少子高齢化が進むことに伴い、今後は高齢者の年金から天引きされる公的医療保険料と介護保険料の負担がさらに重くなることなどが予想されています。将来の給付水準について考える際は、この点にも十分留意する必要があります。

(4) 第2章で、マクロ経済スライドが二〇四〇年代までは実施され、その間、いったん受給が始まった高齢者の年金（専門用語で「既裁定年金」）は毎年、物価上昇率から調整率を差し引いた率でしか増えないことを説明しました。このことと混同しやすいので注意が必要です。56〜57ページの説明は、既裁定年金の経年変化のことではなく、まだ受給していない世代が六五歳になる時点の年金額（専門用語で「新規裁定年金」）の決まりかたについて述べています。

また、次章で見るケースⅣ〜Ⅵは、今後の経済の見通しなどについてケースⅢより厳しい前提を置いています。このため、今の若い世代が六五歳で受給する時点では、所得代替率が低下しているだけでなく、新規裁定の年金額も今のシニア世代より少なくなるという試算結果となっています。例えば、最も悲観的な前提を置いたケースⅥの場合、現在三〇歳代半ばのモデル世帯が六五歳になって受給が始まる時点の年金額は、現在の物価に換算すると、今のシニア世代より一割以上少ない一九万円程度となる見通しです。

（5）マクロ経済スライドの調整率は、毎年度、基礎年金と厚生年金で同じ数値が使われます。基礎年金の給付水準のほうが厚生年金より大きく低下するのは、スライド調整率が異なるからではなく、あくまでマクロ経済スライドを実施する年数の違いが理由です。

（6）賃金が物価より大きく下落した場合でも、物価下落率を基準に使って年金額を改定する仕組みになっていました。

（7）厚生労働省は、ある年度生まれのモデル世帯の所得代替率が年齢とともに低下し、新たに六五歳を迎えたモデル世帯の八割まで下がった場合、その年度生まれについては以後、年金額の改定を賃金上昇率に合わせて行うことを想定しています。所得代替率は現役世代の賃金を物差しに使うので、それ以降は下げ止まります。厚労省はこの措置を『八割ルール』と呼んでいます。

次の第4章で、政府がモデル世帯の六五歳時点の所得代替率について「将来も五〇%を確保する」と約束していることを説明します。仮にこの約束が守られるとしたら、いったん受給が始まったモデル世帯の所得代替率は、五〇%の八割にあたる四〇%までしか下がらないことになります。ケースⅢの場合、モデル世帯の六五歳時点の所得代替率は将来も五〇・八%で下げ止まるため、いったん受給が始まった高齢者の年金も、その八割にあたる四〇・六%までしか所得代替率が下がらないという試算結果になっています。

この八割ルールについては、過去に厚生労働大臣が国会答弁で実施する方針を表明していますが、まだ法改正などは行われていません。

(8) ここでは六五歳時点の年金額だけを示していますが、マクロ経済スライドが二〇四七年度に終了するまでの間、いったん受給が始まった高齢者の年金は、年齢とともに現在の物価に換算した金額が減っていきます。第2章で見たように、毎年四月の年金額改定の際、年金の名目額が物価上昇率から調整率を差し引いた率でしか増えず、インフレに負けてしまうからです。現在六五歳の世代の場合、受給開始時点で月二二万円だった年金額は、マクロ経済スライドが終了する二〇四七年度（九三歳）の時点では、現在の物価に換算して月一九・二万円に目減りします。現在五〇歳の世代は、受給開始時点で月二三・二万円だった年金額が、二〇四七年度（七八歳）には同じく月二一・四万円に目減りします。一方、現在三五歳と二〇歳の世代では、受給開始の時点で既にマクロ経済スライドが終了しているため、このようなことは起きません。年金の名目額が毎年四月に物価上昇率に合わせて増えるため、現在の物価に換算した年金額は、受給開始の翌年度以降も一定となります。また、四つの世代のいずれも、歯止め措置が始まったあとは現在の物価に換算した年金額が少しずつ増えていきます。

第4章　財政検証の全体像

1　何を「検証」するのか

今回の財政検証で、厚生労働省は経済の見通しなどを変化させて、六つのケースの試算を行いました。

この章ではのちほど、前章で紹介した「ケースⅢ」以外の五つのケースも含めた、財政検証結果の全体像を見ていきたいと思います。

でも、その前に、そもそもなぜ財政検証が行われるのか、もう少し詳しく説明しておきましょう。

公的年金の財政検証は、年金制度を向こう約一〇〇年にわたって安定的に運営できるかどうか、五年に一度、さまざまな試算を行ってチェックする作業のことです。

既に見てきたように、公的年金は保険料水準が二〇一七年以降は固定され、その一方で、マクロ経済スライドによって給付水準がしだいに低下していきます。少子高齢化が進んでも、賦課方式のもとでは給付水準を引き下げさえすれば給付自体は続けられるので、年金を全く支給できなくなるという意味での「破綻」は、原理的には起きません。

では、財政検証で何をチェックするかというと、給付水準が下がり過ぎないかどうかを確認するわけです。

マクロ経済スライドが導入された二〇〇四年の年金改革で、政府は将来の給付水準について、ある約束をしました。

「所得代替率は将来も五〇%を確保する」という約束です。当時の自民・公明の連立政権が、給付水準の引き下げに国民が不安を抱かないようにする目的で、法律の条文にこうした規定を書き込みました[1]。

ここでいう所得代替率とは、先に見た「モデル世帯」の「六五歳時点」での所得代替率のことです。六五歳の受給開始から年齢を重ねるに従って、所得代替率はさらに低下して五〇%を割り込むのですが、それはひとまず問題にしません。あくまで六五歳時点の所得代替率のことです。

この意味での五〇％を専門家は「給付水率の下限」と呼んでいます。

さらに、五年に一度の財政検証の結果、向こう五年以内に五〇％を割り込む見通しになった場合には、マクロ経済スライドをいったん停止して制度の大枠を見直すことも、同じ法律の条文で決められています。保険料の負担を増やすのか、何らかの給付の見直しをするのか。あるいは「五〇％を割り込んでもよい」という趣旨で法律の条文を直すのか。どうなるかはわかりませんが、いずれにせよ二〇〇四年の年金改革で決まった制度の大枠が変更を迫られることになります。

2　五〇％を割るのはどんな場合か

では、どんな場合に将来の所得代替率が五〇％を割ることになるのでしょうか。

例えば、少子高齢化が従来の予想を超えて進んだ場合。年金制度は保険料を納める現役世代の人数が減ると、制度を支える力が弱って財政が悪化します。合計特殊出生率（一人の女性が生涯に産む子ども数の推計値）は、今回の財政検証では長期的に一・四四で推移する前提ですが、より低下する見通しとなった場合には、財政見通しの下方修正が必要になるかもしれません。

また、長寿化が従来の予想を超えて進む見通しになった場合にも、とても喜ばしいことではありますが、年金財政に関していえばマイナスに作用します。

あるいは、経済成長率が低く、労働者の賃金がこれからもあまり増えない見通しになった場合も、現役世代が年金制度を支える力が弱まるので、財政の見通しを下方修正しなければならなくなります。

もし、このように年金財政にマイナスの要素が強まると、どうなるでしょうか。

第3章で紹介したケースⅢでは、マクロ経済スライドが二〇四七年度で終わり、六五歳時点の所得代替率が最終的に五〇・八％で下げ止まるという結果になっていました。このケースでは、「五〇％を確保する」という政府の約束が何とか守れるわけですね。

しかし、もし仮にマイナスの要素がもっと強まれば、二〇四七年度というマクロ経済スライドの終了時期を遅らせて、さらに長く実施することが必要になります。

ここは誤解されやすいところなのですが、年金の給付水準を従来の想定より下げるというのは、マクロ経済スライドの「調整率」の算定方法を変えて数値を大きくするということではありません。そうではなく、マクロ経済スライドをより長期間にわたり実施することによって、最終的な所得代替率を低くするのです。

この結果、ケースⅢでは何とか守れるはずだった五〇％確保の約束が守れなくなり、最終的な所得代替率が五〇％を割り込むことがありえます。

五〇％確保の約束は守れるのか。その見通しを探るのが財政検証の目的なのです。

3　六つのケースをながめてみると

⑴　五〇％確保は危うい

ここまでを踏まえて、財政検証の六つのケースを見てみましょう。

次のページの図は、厚労省が発表したケースⅠからケースⅥまでの試算結果です。

試算の前提が最も楽観的なのが、ケースⅠです。モデル世帯の六五歳時点の所得代替率は、今回の財政検証が行われた二〇一九年度の六一・七％から、二〇四六年度には五一・九％まで下がり、以後は一定となります。

逆に、最も悲観的なのがケースⅥです。このケースでは、国民年金の積立金が枯渇すると

65歳時点の所得代替率（モデル世帯）

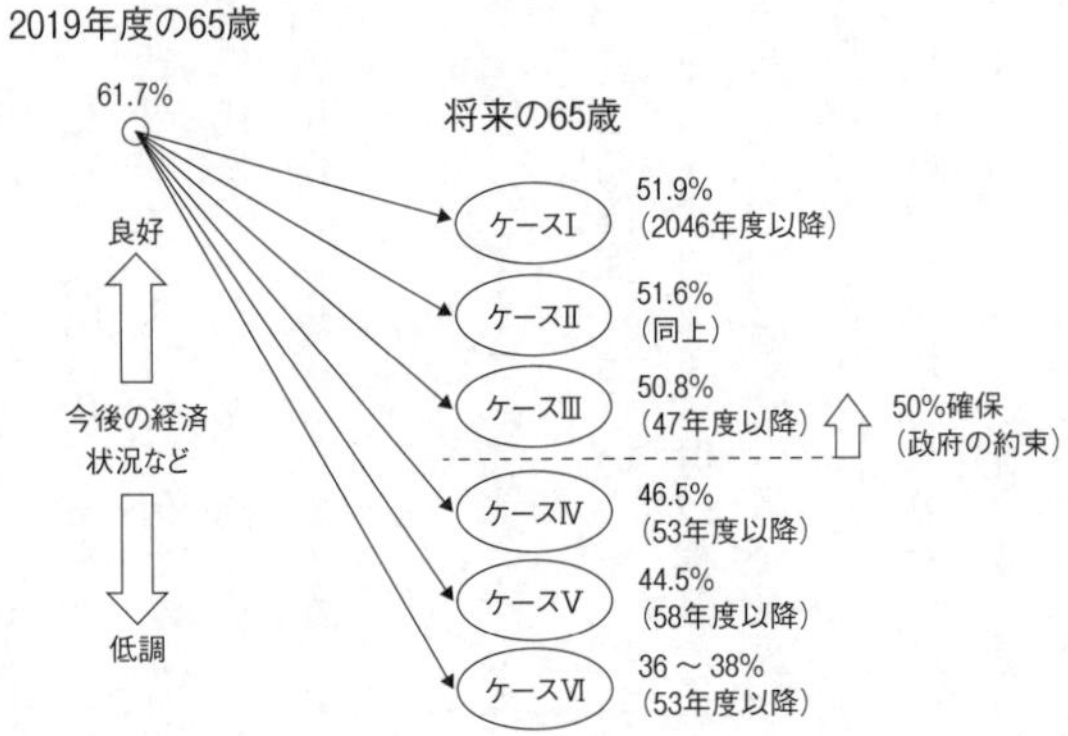

出典：財政検証結果をもとに著者作成

いう事態が起きます。

それは一体、どういうことでしょうか。

第1章で触れたように、公的年金の財政方式は、現役世代が納める保険料が、すぐその時点の高齢者に年金として支払われる「賦課方式」が基本です。

ただし、厚生年金と国民年金は、ともに積立金を保有しています。運用益を稼ぎながら取り崩すことによって、補助的な財源としての役割を果たすことになっています。

ケースⅥでは、このうち国民年金の積立金が二〇五二年度にゼロとなり、以後は完全な賦課方式に移行します。積立金という年金財政にとっての補助エンジンが燃料切れで停止してしまう影響によって、所得代替率は三六～三八%

程度にまで急激に低下すると試算されています。

六つのケースのうち、五〇％確保の約束を守れるのがⅠ〜Ⅲの三ケース。残る三ケースは五〇％を割り込むという結果となっています。これまで紹介してきたケースⅢは、楽観的なほうから数えて三番目ということですね。

こうした六ケースの全体を俯瞰しても、政府が掲げる「五〇％確保」が実現するかどうか、かなり危うい状況であることが見て取れます。

(2)　出生率と平均寿命の前提

この六つのケースで、それぞれ試算の前提はどうなっているでしょうか。

まず、少子高齢化に伴う人口構成の変化に直接かかわる部分から見ていきましょう。

合計特殊出生率の前提は、全ケース共通で長期的に一・四四です。

平均寿命の前提も全ケース共通で、二〇六五年までに男女とも四年程度延びると想定しています。

これらはいずれも「中位推計」で、このほかに「高位推計」と「低位推計」があるのですが、話が複雑になるので、以下でもさしあたり中位推計に基づく試算結果を紹介します。い

出生率と平均寿命の前提

（いずれも中位推計。ケースⅠ～Ⅵすべてに共通）

合計特殊出生率（１人の女性が産む子ども数の推計値）	2015年 1.45	→	2065年 1.44（中位推計） ※出生高位推計は1.65、出生低位推計は1.25
平均寿命	2015年 男80.75歳 女86.99歳	→	2065年 男84.95歳 女91.35歳 ※死亡高位推計は男83.83歳、女90.21歳、死亡低位推計は男86.05歳、女92.48歳（2065年）

※2015年は財政検証で使われた国立社会保障・人口問題研究所の人口推計が起点としている年

出典：財政検証結果

ずれにせよ、出生率や寿命の延びはケースⅠ～Ⅵに共通した前提なので、各ケース間での所得代替率の差は、これらの前提の置き方によるものではありません。

所得代替率に差がつく理由は、①現役世代の女性とシニア世代男女の労働市場への参加、②長期的な経済の見通し――という二つの要素が、ケースによって異なることです。

(3) 労働市場への参加

労働市場への参加については、働く人が増えるほど年金制度を支える力が強まり、財政が好転します。現役世代の男性は既にほぼ九割が働いており、これ以上増やそうとしても限界があります。そこで、女性が子育ての時期にも働くようになるかどうか、そして男女ともにシニア世代がもっと働くかどうかが年金財政を左右するのです。

六つのケースのうち、Ⅰ〜Ⅲは労働参加が「進む」、ⅣとⅤは「一定程度進む」、Ⅵは「進まない」という前提になっています。これは独立行政法人「労働政策研究・研修機構（ＪＩＬＰＴ）」が行った、労働力需給の推計に基づく三つのパターンです。

男女それぞれの労働力率の想定は、次の92〜93ページの図に示した通りです。

女性のグラフでは、出産・子育てをする人が多い二〇歳代後半から四〇歳代にかけての労働力率の落ち込み（いわゆる「Ｍ字カーブ」）が、「進む」と「一定程度進む」でほぼ完全に解消され、働く割合が男性並みに増える前提となっています。また、男女ともに、「進む」ケースは「進まない」ケースと比べて六〇歳以降の数値が高くなっています。

ただし、特に「進む」の前提については、経済学者の中で楽観的過ぎるという指摘が目立ちます。努力目標のような印象も拭えません。こうした前提を置くのであれば、政府がこれまでより格段に踏み込んだ就労促進策を講じる必要があると思います。

労働力率の将来推計（2040年）

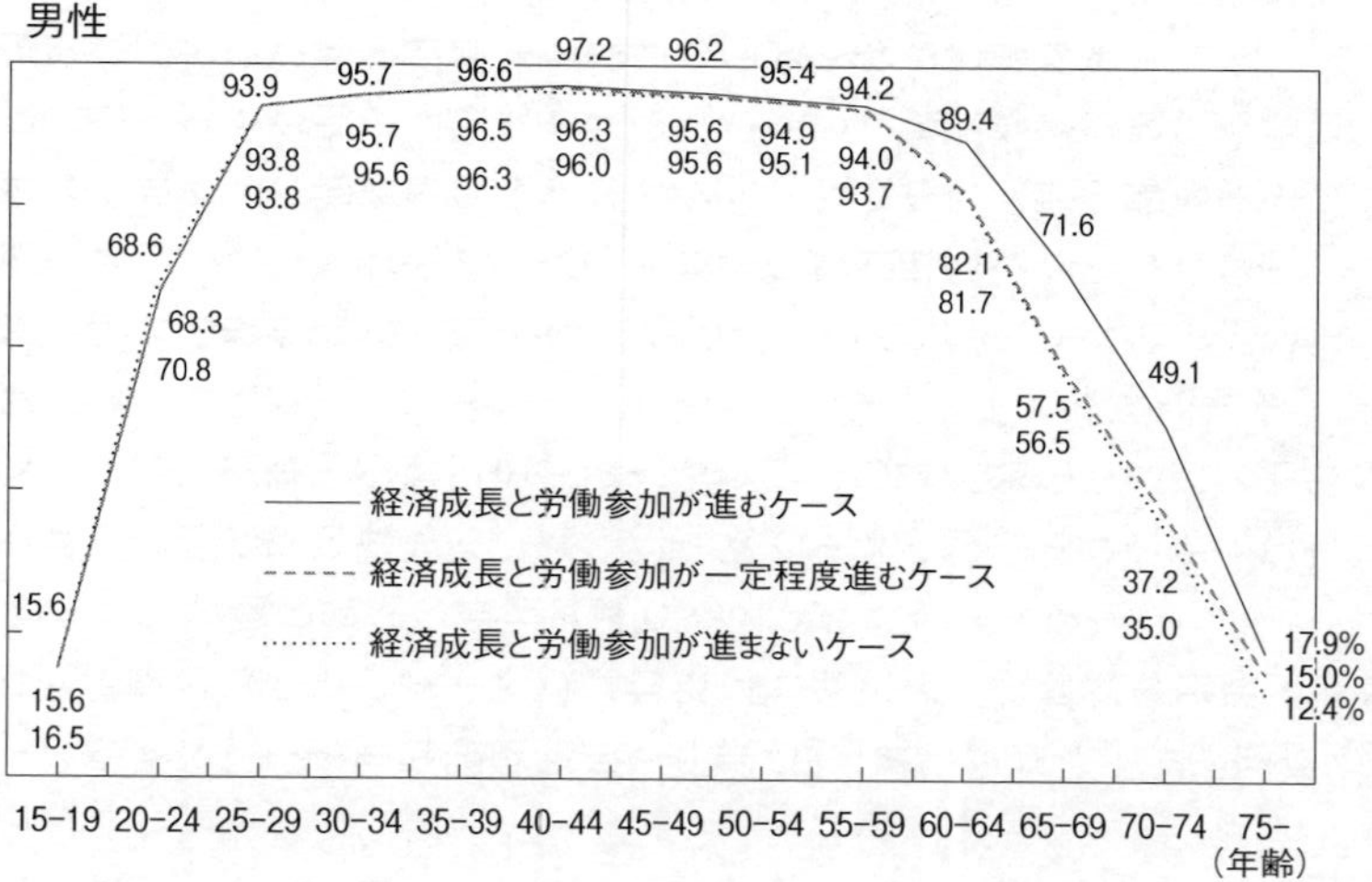

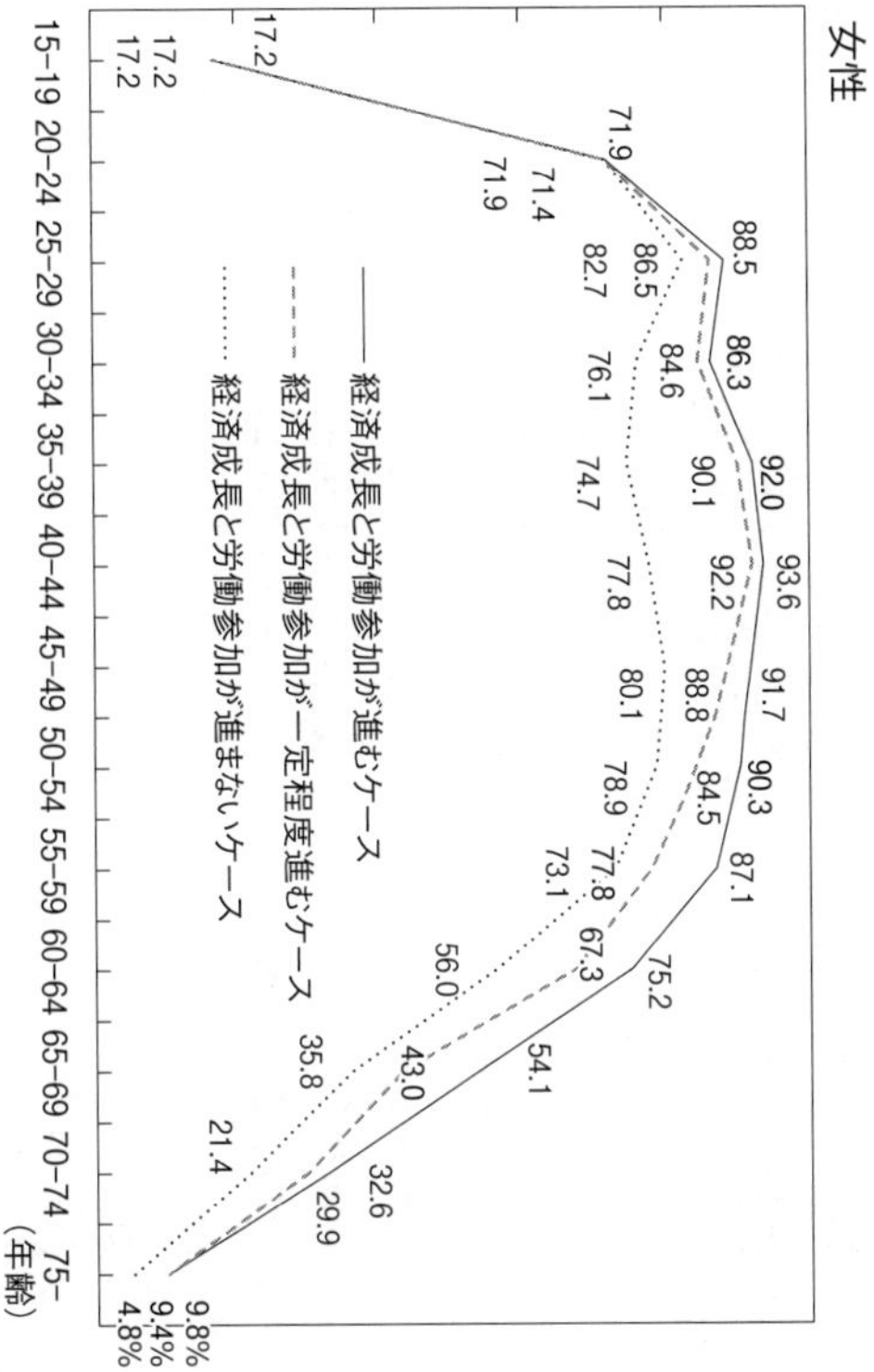
女性
経済成長と労働参加が進むケース
経済成長と労働参加が一定程度進むケース
経済成長と労働参加が進まないケース
15–19 20–24 25–29 30–34 35–39 40–44 45–49 50–54 55–59 60–64 65–69 70–74 75–
（年齢）

出典：財政検証結果

ケースⅠ～Ⅵの経済前提

ケース	2028年度まで	長期（2029年度～）					実質経済成長率（2029年度以降）（%）
		経済状況の仮定		経済前提			
		女性と高齢者の労働参加	TFP上昇率（%）	物価上昇率（%）	実質賃金上昇率（%）	積立金運用利回りの「スプレッド」（%）	
Ⅰ	内閣府「成長実現ケース」	進む	1.3	2.0	1.6	1.4	0.9
Ⅱ			1.1	1.6	1.4	1.5	0.6
Ⅲ			0.9	1.2	1.1	1.7	0.4
Ⅳ	内閣府「ベースラインケース」	一定程度進む	0.8	1.1	1.0	1.1	0.2
Ⅴ			0.6	0.8	0.8	1.2	0.0
Ⅵ		進まない	0.3	0.5	0.4	0.4	▲0.5

※TFP（全要素生産性）は、資本や労働という量的な要素以外で、生産を増加させる要素。具体的には技術進歩や効率化などのこと。運用利回りの「スプレッド」は、賃金上昇率をどれだけ上回る見通しかを示す。▲はマイナス

出典：財政検証結果

(4) 長期の経済前提

長期的な経済の見通しは、どうなっているでしょうか。こちらはⅠ～Ⅵの全てのケースで異なる前提が置かれており、各ケースで最終的な所得代替率に差がつく主な理由といえます。

経済前提の中で特に重要なのが、実質賃金上昇率（名目賃金上昇率から物価上昇率を差し引いた率）です。

公的年金の財政は賦課方式が基本なので、現役世代の賃金が増えれば制度を支える力が強まり、財政が好転します[2]。

実質賃金上昇率は、最も楽観的なケースⅠで年一・六％、最も悲観的なケースⅥでは年〇・四％となっています。バブル経済の崩壊後、現役世代の賃金が上がらない経済状況が続いたこともあり、この前提の置き方が妥当かどうかを巡って議論が交わされています。

積立金の運用利回りにも注目しましょう。年金財政で積立金の運用益はあくまで補助的な位置づけですが、それでも将来の所得代替率を左右する要素です。

運用利回りについて、年金財政を考える上では「スプレッド」の数値が重視されています。あまり耳慣れない用語かもしれませんが、賃金上昇率をどれだけ上回る運用ができるかを示す数値です[3]。

ケースⅠのスプレッドは年一・四％。つまり、賃金上昇率（名目年三・六％、実質年一・六％）より一・四ポイント高い運用ができるという想定です。年金財政を左右するのはあくまでスプレッドなので、「名目」で運用利回りを論じることにあまり意味はないのですが、単純計算だと名目運用利回りは年五・〇％ということになります。

第３章で、標準的とされるケースⅢについて、将来の給付がどうなるかを紹介しました。このケースのスプレッドは年一・七％です。賃金上昇率が名目年二・三％（実質年一・一％）

なので、さきほどと同じ留保を付けたうえで、単純に合計すると名目運用回りは年四・〇%となります。

運用利回りの想定についても、さまざまな議論があります。預金の金利がゼロに近い状況などを踏まえて「想定が高過ぎる」という批判がある一方、積立金の約半分を国内外の株式で運用しているので、スプレッドで考えれば無理な想定ではないという見方もあります。

物価上昇率については、ケースごとに年二・〇~〇・五%という前提が置かれています[4]。年金財政にとっては、これまで見た実質賃金上昇率や運用利回りのスプレッドのほうが、物価上昇率より大きな影響を与える重要な要素とされています。しかしそれでも、物価上昇率が低いと毎年度の年金額改定の際、マクロ経済スライドの調整率のすべてを差し引くことができず、給付抑制が順調に進まなくなります。ケースⅥで国民年金積立金が枯渇するのは、マクロ経済スライドが十分に機能しなくなることが理由の一つです。

では、ここまで見てきた経済前提は、それぞれどのぐらいの経済成長率に相当するのでしょうか。厚労省によると、最も楽観的なケースⅠは実質経済成長率で年〇・九%、標準的とされるケースⅢは年〇・四％、最も悲観的なケースⅥは年率マイナス〇・五％に相当するとのことです。

これから高齢化が進み、労働力人口の大幅な減少が見込まれる日本経済にどのぐらいの成長力があるのかについては、さまざまな見方があります。新型コロナウイルス感染拡大の影響が、どこまで尾を引くかも気になるところです。

ただ、最も悲観的なケースⅥの場合、実質マイナス成長が何十年も続くという想定です。こうなると、もはや年金だけの問題というより、日本の経済・社会が極めて大きなダメージを受けるのではないかと思います。

経済前提に関していえば、楽観シナリオから悲観シナリオまで、ある程度の大きな幅を持って設定されていると言えるかもしれません。

(5)　足元の経済前提

なお、ここまで紹介したのは「長期的な」経済前提です。具体的には、財政検証から一〇年たった二〇二九年度以降についての前提です。

それ以前の足元一〇年間、つまり二〇一九年度から二〇二八年度までは、別の前提が置か

足元の経済前提（2019〜2028年度）

ケースⅠ〜Ⅲ（内閣府「成長実現ケース」）

年度	2019	2020	2021	2022	2023	2024	2025	2026	2027	2028	2029〜（ケースⅢ）
物価上昇率	0.7	0.8	1.0	1.4	1.7	2.0	2.0	2.0	2.0	2.0	1.2
実質賃金上昇率	0.4	0.4	0.4	0.8	1.2	1.3	1.4	1.3	1.3	1.3	1.1
運用利回り	0.6	0.5	0.3	▲0.5	▲1.2	▲1.6	▲1.4	▲1.0	▲0.8	▲0.7	1.7
TFP上昇率	0.4	0.6	0.8	1.0	1.2	1.2	1.2	1.2	1.2	1.2	0.9

ケースⅣ〜Ⅵ（内閣府「ベースラインケース」）

年度	2019	2020	2021	2022	2023	2024	2025	2026	2027	2028	2029〜（ケースⅣ）
物価上昇率	0.7	0.8	0.7	0.7	0.8	0.8	0.8	0.8	0.8	0.8	1.1
実質賃金上昇率	0.4	0.4	0.1	0.3	0.5	0.7	0.7	0.7	0.7	0.7	1.0
運用利回り	0.6	0.5	0.9	0.7	0.2	▲0.1	0.0	0.2	0.2	0.1	1.1
TFP上昇率	0.4	0.6	0.7	0.7	0.8	0.8	0.8	0.8	0.8	0.8	0.8

※数値はいずれも％。運用利回りはスプレッドで表示。▲はマイナス
出典：財政検証結果

れています。具体的には、このページの表の通りです。

足元一〇年間の前提は、厚労省が独自に設定したものではありません。内閣府が行った「中長期の経済財政に関する試算」から、数値を借りてきて使っています。

内閣府の試算には「成長実現ケース」[5]と、「ベースラインケース」の二通りがあります。

財政検証は、ケースⅠからⅢまでが「成長実現ケース」、Ⅳ～Ⅵが「ベースラインケース」に準拠しています。

この足元一〇年間の前提と、その後の長期的な前提は、うまくつながっていません。具体的に見てみましょう。

さきほどの表には、足元一〇年間の最後の二〇二八年度の右側に、翌二九年度以降のケースⅢとケースⅣの経済前提を並べて載せました。

表の上段にあるケースⅢを見ると、物価上昇率が二〇二八年度の年二・〇％から、翌二九年度以降はいきなり年一・二％に〇・八ポイント下落しています。積立金の運用利回り（スプレッド）に至っては、七年間にわたって続いたマイナスが、二九年度以降は急にプラスの年一・七％に転じています。明らかに不自然ですね。

二〇二八年度と二〇二九年度の間で、何か特定の大きな経済変動を想定しているのかというと、決してそんなことはありません。だとすれば、「足元」と「長期」は、もっと滑らかにつながらないと合理的ではないはずです。それができないのは、厚労省の「大人の事情」からです。

公的年金は政府内で厚労省の所管事項なので、財政検証の経済前提は本来、厚労省の判断で決めることができます。しかし、二〇二八年度までの一〇年間については、内閣府の試算が現に存在し、政府内で経済政策の立案などに使われています。

厚労省年金局の官僚たちは、内心では必ずしもこの内閣府試算が最適だと思っていないかもしれません。それでも、同じ政府の中で違う数字を出すわけにはいかないということで、足元一〇年間については内閣府の数字を借りてくることにしたのです。これが、木に竹を接いだような状態になった理由です。

年金財政は向こう約一〇〇年間を見通して行うので、足元一〇年間の設定が検証結果にそれほど大きな影響を及ぼすとまでは言えません。とはいえ経済前提に、役所の論理で不合理になっている部分があることも否定できないのです。

4　メインシナリオがない

財政検証の六ケースを見ると、経済成長と労働市場が今後どうなるかによって、公的年金の将来が大きく左右されることがわかります。制度の持続可能性を確保するためには、政府が経済を着実に運営するとともに、女性が働きやすい環境を整え、シニア世代の就業を促す必要があることも一目瞭然です。少子化に歯止めをかける必要性は言うまでもありません。政策目標を立てるうえでは、一定の有用性を持つ試算結果だといえます。

しかし、こうした点は評価するとしても、一般の人から見れば、あまりにも大雑把に「だいたいこの範囲のどこかになるだろう」と言われているようなものです。確かにそれはその通りかもしれませんが、つかみどころがありません。何となく、政府が先の見通しについて逃げ腰になっている印象も受けます。もっと踏み込んで、基本となるケースを示してほしい、と感じた方も多いのではないでしょうか。

実は以前、厚労省が将来のメインシナリオを明示していたこともあったのです。

今の年金財政の基本的な枠組みは、二〇〇四年の年金改革のときにできました。この改革の際、厚労省は将来の所得代替率について「基準ケース」の試算を行い、モデル世帯の六五歳時点での所得代替率が将来、五〇・二％で下げ止まるという見通しを示していました。そのうえで、少子化と経済が好転するケース、悪化するケースについての試算も行いました。

改革から五年後、初めての財政検証となった二〇〇九年検証でも、厚労省は「基本ケース」を明示したうえで、日本経済がさらに好調だった場合と不調だった場合などの試算結果も公表しました。

ただし、このとき、基本ケースの最終的な所得代替率は五〇・一％でした。この数字は、政府が約束した五〇％ぎりぎりですよね。

この財政検証結果を見て、年金問題で政府を追及している野党はもちろんのこと、年金制度の専門家の中からも、「これは厚労省が諸前提に楽観的な要素を盛り込んで、ぎりぎりで五〇％をクリアできるという結果にしたのでは」という疑問の声が上がりました。「五〇％確保の約束は守れるのか」について議論が巻き起こり、厚労省はさまざまな批判にさらされました。

おそらく、このことの反省があったのでしょう。厚労省は二〇一四年の前回財政検証で、メインシナリオを示すのをやめました。ケースAからHまで八通りのケースを試算しましたが、どのケースが基本なのかは示さなかったのです。球を散らして的を絞りにくくしたというべきか、年金財政がこれからどうなりそうだと厚労省が見ているのかが、よくわからない財政検証結果になったことは確かです。

この八ケースのうち、最終的な所得代替率が五〇％を上回ったのは五ケース、下回ったのは三ケースです。専門家の間では「厚労省は五勝三敗の勝ち越しにした」などと言われました。もちろん、試算は前提の置き方しだいなので、「勝ち越し」であるかどうかに本来さほどの意味はありません。

　メインシナリオを示さなかったとはいえ、厚労省はその後、各種の説明資料などを作る際、上から五番目の「ケースE」をしばしば使っていました。「メインシナリオはない」と言いつつも、ケースEを基本的な、あるいは中間的なケースと考えていたことがうかがえます。新聞やテレビなどマスメディアの報道でも、主にケースEを使って給付水準の説明が行われていました。

2014年財政検証の８ケース

ケース	最終的な所得代替率	50％確保の可否
A	50.9％	○
B	50.9％	
C	51.0％	
D	50.8％	
E	50.6％	
F	45.7％	×
G	42.0％	
H	35～37％	

出典：2014年財政検証結果

５　前回の検証結果と比較する

　ところで、今回の検証結果は二〇一四年の前回財政検証から、どう変化したのでしょうか。年金財政は好転したのか、それとも悪化したのか——。

全ての前提条件を置き直して計算しているので、あまり単純には比較できません。でも、あえて言うなら、厳しい状況にさほど大きな変化はないと考えられます。

前回と比べると、ケースの数は八ケースから六ケースに二つ減っています。これについては、前回の八ケースのうち楽観的なほうから数えて二つのケースの試算を今回はしなかった、というイメージでとらえてよいと思います。

前回の財政検証で、上から二つを取り除くと、残りのケースは六つで、今回の財政検証もケースは六つ。

前回の検証で標準的とされたケースEと、第3章で詳しく見た今回のケースⅢは、ともに上から三番目です。そして、モデル世帯の最終的な所得代替率は、前回のケースEが五〇・六%、今回のケースⅢは五〇・八%です。ほとんど誤差の範囲と言ってもよいほど近い値になっています。

とは言え、もう少し詳しく見ていくと、違いもあることがわかります。

標準的とされるケースの前提比較

	2014年 財政検証 ケースＥ	2019年 財政検証 ケースⅢ
物価上昇率	1.2%	1.2%
実質賃金上昇率	1.3%	1.1%
運用利回り （スプレッド）	1.7%	1.7%
合計特殊出生率	1.35	1.44
平均寿命	男84.19歳 女90.93歳 （2060年）	男84.95歳 女91.35歳 （2065年）
最終所得代替率	50.6%	50.8%

出典：財政検証結果をもとに著者作成

このページの表は、ケースＥとケースⅢの諸前提を比較したものです。

まず、実質賃金上昇率は前回のケースＥの年一・三％から、今回のケースⅢは年一・一％に、〇・二ポイント下がっています。日本経済の先行きについては、前回より今回のほうが、やや控えめな見方をしているのですね。年金制度を支える現役世代の賃金が前回ほど増えない想定ですから、この点では今回、年金財政にマイナスの要素が強まったことになります。

その一方、人口構成に関する前提は、今回のほうがやや楽観的になっています。

合計特殊出生率は前回の一・三五から今回は一・四四に、かなり上方修正されました。[6]平均寿命は前回より延びる想定で、こちらは年金財政にとってマイナスなのですが、それでも出生率を上方修正した効果のほうが上回ります。将来の高齢化率（六五歳以上が総人口に占める割合）の見通しは、前回の四〇・四％から今回は三八・四％（二〇六五年時点）に下方修正されました。

つまり、経済前提はやや控え目になった一方、出生率の想定を上方修正したことなどによって、最終的な所得代替率があまり変わらないという結果になっています。

合計特殊出生率はこのところ低下傾向にあり、二〇一九年は概数で一・三六となりました。今回の財政検証で出生率の前提を中位推計から低位推計（一・二五）に変えると、ケースⅢの最終的な所得代替率は四七・八％まで低下します。現在の出生率は中位と低位の中間付近なので、このままだと次回の検証は厳しい結果になる可能性があります。

6 「向こう五年以内」の意味

年金財政は、約一〇〇年先まで展望して見通しを立てることになっています。しかし、日本の経済や社会がどうなるのか、先のことなど結局だれにもわかりません。世の中の変化が速いので、一〇〇年先どころか、一〇年先のことでも予測は難しいと思います。

だからこそ五年に一度の財政検証を行い、その結果に基づいて制度をそのつど手直しして、持続可能性を確保する必要があるわけです。

ところが、今の年金法には、政府や与野党が改革を先送りする誘因となるような規定が置かれています。

この章の最初のほうで、財政検証で向こう五年以内に五〇％を割り込む見通しになった場合には、マクロ経済スライドを停止し、制度の大枠を見直すことが法律で決まっていると説明しました。実は、この「向こう五年以内に」が曲者なのです。これは、たとえ財政が悪化していても、すぐに制度の本格的な見直しを行う法律上の義務が課されていないということを意味しています。

今回の財政検証が行われた時点で、モデル世帯の六五歳時点の所得代替率は六一・七％です。今はまだ、五〇％より一〇ポイント超も上にあるわけです。「向こう五年以内に」五〇％を割る見通しになることなど当分はありません。

例えば、今回の財政検証で最も悲観的なケースⅥの場合、モデル世帯の所得代替率が五〇％まで下がるのは二〇四三年度以降です。実質経済成長率がマイナスの状況が毎年続くという前提の試算でも、「向こう五年以内に」五〇％を割る見通しとなるのは、ごく単純に考えると二〇三〇年代ということになります。

これはあくまで法律上の義務の話であって、実際には、それ以前に政治問題化して何らかの改革が行われると思います。しかし、その場合の改革はおそらく、保険料の負担を増やすとか、年金の支給開始年齢を引き上げるなど、何らかの負担増や給付減を伴う不人気政策が議論のテーマとならざるを得ないでしょう。有権者から反発を受けかねない改革には、政治家は尻込みをしがちです。改革が後手に回り、そのあおりで将来世代の給付が大きく減ったり、負担が大幅に増えたりする可能性があると思います。

次の第5章で見るように、今回の財政検証を受けた政府の年金改革は、小粒な内容にとどまっています。「向こう五年以内に」の規定が、より本格的な改革が先送りされた原因の一つであるように思えてなりません。

7　オプション試算

ここまで、財政検証の骨格部分について見てきました。モデル世帯の所得代替率が、将来どこまで下がりそうなのか。年金財政の将来に一定の見通しをつけるのが、財政検証の目的ということでしたね。

でも、財政検証ではこのほかに「オプション試算」も行われています。年金制度が抱える様々な課題について、どんな改革が必要なのか、その議論の参考となるような内容です。

具体的には、厚生年金の適用対象を短時間労働者に拡大した場合の影響についての試算と、長寿化に対応したさまざまな改革を行った場合の影響についての試算が行われました。

今回の年金改革に、この試算結果に沿った内容の改革がすべて盛り込まれたわけではありません。でも少なくとも、厚労省は「こんな改革は必要ない」と考えるような試算はしないわけです。今回は無理でも、次の法改正で何とか実現できないだろうか——という厚労省の意図が透けて見える内容が含まれているのです。

オプション試算の内容については、次の第５章と第６章で適宜、紹介したいと思います。

（1）国民年金法等の一部を改正する法律（平成一六年法律一〇四号）附則二条

（2）第2章注1参照

（3）第2章注1でも述べたように、公的年金は現役世代の賃金が上昇すると、保険料収入が増える一方で、その人たちに対する将来の給付も多くなります。収入だけでなく支出も賃金の上昇に連動し、保険料収入が増えても財政改善の効果が相殺される部分がかなり大きいのです。これに対し、運用利回りのスプレッドは、賃金上昇率を超えて積立金の運用でどれだけ稼げるかを示す値なので、単純に大きければ大きいほど年金財政が好転します。

（4）ケースⅠの物価上昇率が年二・〇%とされているのは、政府と日銀が物価上昇率を二%まで引き上げる目標を掲げていることから、せめて最も楽観的なケースⅠは二・〇%にしておく必要があるという配慮が働いた結果です。客観性が求められる財政検証に、政策目標が異物のような形で入り込んでいる一例とも言えるでしょう。

（5）政府がアベノミクスで掲げたデフレ脱却・経済再生という目標に向けて、政策の効果が表れた状況が想定されています。このような想定が楽観的である可能性は否定できません。

（6）財政検証は国立社会保障・人口問題研究所が五年に一度公表する人口推計に準拠して行われます。今回使われた人口推計は二〇一五年を出発点としており、その時点の実績値が一・四五と前回推計より高かったことが反映しています。

第5章　二〇二〇年改革の内容

財政検証の結果を受け、政府は二〇二〇年の通常国会に年金改革関連法案を提出しました。関連法は5月29日の参院本会議で可決・成立しました。

主な内容を順に詳しく見ていきたいと思います。

1　繰り下げ受給の選択肢拡大

(1)　法改正の内容

基礎年金と厚生年金には「繰り下げ受給」の制度があり、希望すれば原則六五歳の受給開始時期を最大で五年間、七〇歳まで遅らせることができます。受給開始が遅くなる代わりに、年金月額が増えます。増額率は、受給を一か月遅らせるごとに〇・七％です。七〇歳か

年金改革の主な内容

①希望者が年金受給を65歳より後に遅らせる「繰り下げ受給」の選択肢を75歳までに拡大する（2022年４月から）
②厚生年金の適用を中小企業の短時間労働者に拡大するため、現行は従業員501人以上とされている企業規模要件を改定する（22年10月から101人以上、24年10月から51人以上）
③在職老齢年金を見直し、60〜64歳の人が厚生年金を受給しながら会社勤めをした場合でも年金を減額されにくくする（22年４月から）

出典：著者作成

らの受給だと年金月額が四二％増えます（〇・七％×六〇か月）。

今回の年金改革には、繰り下げを選択できる年齢を七五歳までに五年拡大することが盛り込まれました。最大で一〇年間、七五歳まで受給を遅らせることが可能になります。

七五歳からの受給を選択する場合、年金月額は八四％増えます（〇・七％×一二〇か月）。年金の増額は、一生続きます。

一か月あたり〇・七％という増額率は、公的年金の二〇〇〇年改革で、平均的な寿命まで生きれば、繰り下げ受給を利用してもしなくても、その人の受給総額がほぼ同じになるように設定されました。この考え方を「財政中立」といいます。

国民の寿命が延び続けていることから、厚生労働者は今回、増額率をもっと小さくするかどうか検討しました。しかし、選択できる年齢を七五歳まで拡大すれば〇・七％のままでも財政中立を大きく外れるわけではないとして、変更しないことになりました。

繰り下げ受給の選択肢拡大は、二〇二二年四月から施行されることになっています。

一方、公的年金には、希望者が年金受給を六五歳より前倒しできる「繰り上げ受給」の仕

繰り下げ受給の選択肢拡大

受給を始める時期	増額率	
66歳	8.4％	従来の制度
67歳	16.8％	従来の制度
68歳	25.2％	従来の制度
69歳	33.6％	従来の制度
70歳	42.0％	従来の制度
71歳	50.4％	選択肢拡大
72歳	58.8％	選択肢拡大
73歳	67.2％	選択肢拡大
74歳	75.6％	選択肢拡大
75歳	84.0％	選択肢拡大

※66歳以降、１か月単位で選択でき、１か月遅らせるごとに年金月額が0.7％増額される。生涯、増えた水準で受給できる

出典：著者作成

組みもあります。最大で五年間繰り上げ、六〇歳から受給することができます。

繰り上げ受給については、従来、受給を一か月早めるごとに年金月額が〇・五％減額されることになっていました。この減額率も二〇〇〇年改革のとき、財政中立になるように設定されました。

しかしその後、平均寿命が延びるにつれて、繰り上げ受給を選択すると減額された年金額で長く生きることとなり、不利になるケースが増えてきました。このため今回の改革で財政中立になるよう計算し直した結果、〇・四％に引き下げることになりました。

五年繰り上げて六〇歳から受給する場合、従来の減額は三〇％でした（〇・五％×六〇か月）。制度改正後は二四％の減額に変わります（〇・四％×六〇か月）。減額が一生続くことは従来と同じです。

(2) 改革の背景

今回の年金改革は、安倍内閣が掲げる「全世代型社会保障改革」の一環と位置づけられています。繰り下げ受給の選択肢を拡大することで政府が目指すのは、年金受給をしばらく先送りして、年を取っても働き続ける人を増やすことです。

日本は今後、少子高齢化が進んで労働力人口が急速に減り、社会・経済の活力を維持できなくなることが懸念されています。

そこで、今回の年金改革と併せて、従業員の七〇歳までの就業機会確保について、企業に努力義務を課す法改正も行われました。政府は雇用政策と年金改革の相乗効果によって、働いて活躍するシニア世代を増やし、税金や社会保険料を払って社会を支えてほしいと思っているのです。

年金には引退を促進する効果があります。標準的な受給開始年齢の六五歳になったら仕事を辞めよう、と思う人が少なくありません。「あえて七五歳という高めの年齢を打ち出して、『年金は六五歳から』という固定観念を壊し、繰り下げ受給を検討する人を増やしたい」と、厚労省幹部は狙いを説明しています。

また、厚労省は現在二〇歳のモデル世帯でも、働き続ける年齢を六六歳九か月まで延ばしてそれ以降に年金を受給すれば、現在六五歳の世代と同じ所得代替率六一・七％を確保できると試算しています（ケースⅢの場合）。繰り下げ受給は、個人が自助努力でマクロ経済スライドによる給付水準低下を補うための、とても有力な手段だとも言えるでしょう。

しかし、こうした全世代型社会保障への改革が、どこまで実効を上げるかは不透明です。

七〇歳までの就業機会の確保は今回、企業の「努力義務」にとどまりました。政府は将来の完全義務化も視野に入れるものの、シニア世代は健康状態や意欲などに幅があり、現時点では企業の負担が重すぎるという判断です。どこまで実効が上がるかはわかりません。

年金の繰り下げ受給についても、現行制度の利用率はわずか一%程度です。選択できる年齢を七五歳までに延ばしても、結局のところ、新たな選択肢を利用できるのは経済的に恵まれた人にほぼ限られるかもしれません。年金受給を我慢して働き続ける高齢者は、果たしてどこまで増えるのでしょうか。

(3)　あまり利用されない理由

現行の繰り下げ受給が、それほど利用されていないのはなぜでしょうか。高齢者が働きやすい環境が整っていないことのほか、そもそも制度の存在自体が必ずしも知られていないようです。そのほかにも、いくつかの要因が考えられます。

まず、今は厚生年金の支給開始年齢が段階的に六五歳まで引き上げられつつある過渡期だという事情があります。

六〇歳代前半の人に支給されている厚生年金は、正式には「特別支給の老齢厚生年金（特老厚）」という名称です。六五歳以降に支給される本来の厚生年金とは違って、繰り下げ受給が認められていません。つまり、いったん六〇歳代前半で厚生年金を受け取り始めることになります。

年金のある生活に慣れると、六五歳から繰り下げ受給で年金なしの生活に戻る選択はしにくいのではないでしょうか。

特老厚は男性が二〇二五年度、女性は二〇三〇年度から支給されなくなり、以後、厚生年金は六五歳支給となります。この要因は、それまではなくなりません。

次に、「加給年金」が受け取れなくなる場合があります。

加給年金とは、厚生年金を受給する夫が、六五歳未満の妻の生計を維持している場合などに、一定の要件を満たせば年約三九万円の加算を受け取れる制度です。

厚生年金の受給を繰り下げると、その間は加算部分である加給年金も支給されません。繰り下げが終了し、厚生年金を受給するようになっても、それまでの加給年金を後でまとめて受け取れるわけではありません。このことが、繰り下げを選ぶ人が少なくなる要因の一つなのです。

さらに、妻が六五歳になると、夫の加給年金は打ち切られ、その代わり妻の基礎年金に「振替加算」がつきます（生年月日などの条件があります）。この振替加算も、妻が基礎年金の繰り下げ受給を選択した場合、基礎年金の受給が始まるまでは受け取れなくなります。加給年金と振替加算については、よく週刊誌などで「繰り下げを選ぶと損になる」と取り上げられています。

この点について、今回の年金改革で特に制度の手直しは行われませんでした。ただし、繰り下げ受給を部分的に利用することによって、加給年金や振替加算を受給できる方法はあります。

公的年金は一階部分が基礎年金、二階部分が厚生年金となっています。繰り下げ受給は、一階部分と二階部分で別個に行うことができます。

つまり、夫が基礎年金だけ繰り下げて、厚生年金は六五歳から受給すれば、加給年金は厚生年金に加算されるので受給できます。妻は逆に厚生年金だけ繰り下げて、基礎年金を六五歳から受給すれば、振替加算は基礎年金につくので受給できます。

(4) 税や社会保険料との関係

厚労省はこのところ、繰り下げ受給の広報に力を入れるようになりました。加入者に過去の保険料納付歴や将来の受給見込み額などを知らせる「ねんきん定期便」に繰り下げ受給の説明を載せるなど、利点を盛んに強調しています。

しかし、これには額面通り受け取れない部分もあります。

繰り下げ受給を選択すると、年金額が増えて所得税や住民税の負担が重くなる場合があります[1]。医療や介護の社会保険料が増えることもあります。さらに、重い病気にかかったり、要介護になったりした場合の自己負担が増えることがありえます。

医療や介護でどのぐらいお金が必要になるかは、その人によって異なります。ケース・バイ・ケースなので、一律にこうなるという説明が難しいことは確かです。しかし、それにしても厚労省の説明は「繰り下げで年金が増える」という点に偏り、不利益を十分に説明しているとは言えません。

いずれにせよ、繰り下げを選ぶかどうかはあくまで任意です。一律の支給開始年齢引き上げのように国民の反発が強い政策とは異なり、比較的、実現しやすい改革の課題だったことは確かです。財政中立になるよう繰り下げによる増額率が設定されているので、年金財政にもさほど悪影響を与えません。

しかし、その一方、繰り下げを選ぶ人がどこまで増えるかも不透明なのです。

二〇一九年七月の参院選で、与党の自民党と公明党は「受給開始時期の選択肢を拡大する」と盛んに訴えていました。なにやら、年金改革に積極的に取り組んでいます、という姿勢を印象づける材料として使われたようにも思えます。

2　厚生年金の適用拡大

(1)　法改正の内容

今回の年金改革で、企業が短時間労働者を厚生年金に加入させなければならない条件が、一部変更されることになりました。これにより、中小企業で働く短時間労働者に厚生年金の適用が広がります。

従来の基準では、週二〇時間以上三〇時間未満で働く短時間労働者を厚生年金に加入させる義務が、従業員五〇一人以上の企業だけにしかありませんでした。今回の制度改正で、この企業規模要件が二〇二二年一〇月から「一〇一人以上」、二〇二四年一〇月から「五一人

短時間労働者に厚生年金の適用を拡大

従来の適用基準

①週労働時間20時間以上
②月額賃金8.8万円以上
（年収換算で約106万円以上）
③勤務期間が1年以上の見込み
④学生は適用除外
⑤従業員501人以上の企業など

法改正の内容

⑤の基準を変更
・2022年10月から「101人」
・2024年10月から「51人」
③を撤廃

出典：厚生労働省資料

以上」に広がり、対象となる中小企業が増えます。

新たに厚生年金の加入者となる人数は「一〇一人以上」となった時点で約四五万人、「五一人以上」でさらに二〇万人増の約六五万人となる見込みです。事業主には最終的に、新たに年約一六〇〇億円の保険料負担が生じると試算されています[2]。

また、適用拡大には後で詳しく見るように、給付水準をある程度、底上げする効果があります。今回の改正によって、財政検証のケースⅢで見ると、最終的な所得代替率（五〇・八％）が〇・三ポイント高まると試算されています。

一方、今回の改革では、個人事業所のうち厚生年金に強制適用となる業種が追加されることになりました。

厚生年金は法人事業所と、五人以上の個人事業所が強制適用とされています。ただし、旅館業や飲食店など一部の業種については、個人事業所の場合、五人以上でも強制適用の対象外です。フルタイムで働く人も厚生年金の適用から外れています。社会保険に関する事務処理能力が乏しいことなどが理由とされています。

今回の改正で、こうした非適用事業所のうち、弁護士、司法書士、社会保険労務士などのいわゆる「士業」については、五人以上であれば強制適用とすることになりました。特に、社会保険労務士などは年金のプロフェッショナルですから、事務処理能力があるはずだという判断です。それはそうですよね。

これによって新たに厚生年金に加入する人は、五万人程度と見込まれています。さきほど見た短時間労働者の企業規模要件変更と合わせ、今回の適用拡大は七〇万人程度の規模ということになります。

(2) 適用拡大はなぜ必要か

厚生年金の適用拡大がなぜ必要なのか、ここで整理しておきましょう。

①老後の所得保障を改善する

厚生年金はもともと、主に正社員を対象として作られた制度です。短時間で働く非正規労働者の多くは厚生年金に加入していません。国民年金だけに加入して、老後は基礎年金だけしか受給できず、所得保障が不十分になることが懸念されます。厚生年金に加入すれば、年金額は確実に増えます。

日本の公的年金が商工業や農業などの自営業者を国民年金だけの加入者（第一号被保険者）としているのは、家業があり、年を取ってもある程度の収入を得られる場合が多いという考え方からです（もちろん実態はさまざまで、例外も多々あります）。これに対し、会社員のように雇われて働く人（被用者）は、定年で収入が大きく減るので、厚生年金も受け取れるようにしているのです。

短時間労働者も被用者なので、自営業者とは異質の存在です。同じ被用者の厚生年金に加入するほうが理にかなっていると言えるでしょう。

これからの日本では、独り暮らしの高齢者が増えていく見通しです。基礎年金だけしか受給できない単身の高齢者は貧困に陥りやすくなります。

特に、就職氷河期世代などで、正社員になることを希望しているのに非正規労働者を続けている人の老後はとても心配です。マクロ経済スライドで給付水準が低下していくことが、ますます老後の貧困に拍車をかける恐れもあります。短時間労働者が厚生年金に加入すれば、老後に基礎年金だけでなく厚生年金も受給できるようになり、老後の所得保障が改善されます。

②労働市場のゆがみを是正する

今の基準が、労働市場をゆがめている問題も見過ごせません。現行基準のもとでは、企業は非正規の短時間労働者を雇えば厚生年金保険料と健康保険料を負担しなくて済む場合が多く、正社員を非正規に置き換える誘因になっているのです。厚労省は非正規労働者をできるだけ正社員にしたいはずなのに、今の適用基準は全く逆に作用しています。

③働き方の選択に中立な制度にする

現行基準では、労働者の側でもパートの主婦などで、働く時間を短く抑えて厚生年金の適用を避けようとする人が少なくありません。働き方や生き方の選択に中立的な制度とは言えないのです。日本ではこれから労働力人口が大きく減っていくのに、せっかく働く意欲のある人が就労を抑えてしまうことは大きな問題です。今後、適用拡大を徹底的に進めれば、適用を避けようとするとごく短時間しか働けないことになり、就労調整をする人は少なくなるかもしれません。

就労調整の問題には、国民年金の第三号被保険者制度のありかたが関わってきます。自分で保険料を納めなくても老後に基礎年金を受け取れる制度の存在が、厚生年金の適用を避けようとする強力な誘因になっているからです。働き方に中立的な制度を実現するためには、第三号被保険者制度の見直しも検討課題になります。

④保険料未納を防ぐ

短時間労働者のほうが、自営業者より国民年金保険料の未納になる割合が高いという調査結果があります。このままだと、未納で老後に無年金や低年金になる人が続出するかもしれません。厚生年金に加入すれば、給与天引きで保険料を徴収されるようになり、保険料未納を防ぐことにもつながります。

⑤基礎年金の給付水準を底上げする

厚生年金の適用拡大には、基礎年金の給付水準を底上げする効果があります。この点については、二〇一九年の財政検証でオプション試算が行われました。のちほど詳しく見ていきたいと思います。

(3) 保険料負担の増減

短時間労働者が厚生年金に加入すると、保険料負担はどうなるでしょうか。これは人によりさまざまなのですが、概して次のようなことが言えます。

まず、現状で保険料を負担していないパートの主婦など（第三号被保険者）には、厚生年金保険料の負担が新たに生じます。さらに、勤め先の厚生年金に加入すると、健康保険でも夫に扶養される配偶者ではなくなり、勤め先の健康保険の加入者として保険料を新たに負担することになります（その代わり厚生年金だけでなく、要件を満たせば健康保険の傷病手当金などを受給できるようになります）。

一方、自営業者と同じ国民年金保険料を徴収されている人（第一号被保険者）にとっては、負担減となる場合も少なくありません。国民年金保険料は月一万七〇〇〇円ほどですが、厚生年金保険料は事業主が半額を負担するので、賃金が少ない人は自己負担分が月一万円未満となります。

医療保険については、第一号被保険者だった人は自治体の国民健康保険から抜けて、勤め先の健康保険の加入者となります。保険料負担は自治体や健康保険によって違い、どう変化するかは人によって異なります。

ところで、さきほど厚生年金保険料は事業主が半額を負担すると説明しましたが、単純に「本人の負担がそのぶん軽い」とも言い切れないことには注意が必要です。社会保険料の負担を考慮して事業主が給与を抑えるケースが多く、結局のところ事業主負担のかなりの部分が労働者側に転嫁されている、という見方が経済学者の間では一般的です。

(4)　オプション試算

(1)　企業規模要件を完全撤廃

厚生年金の適用拡大は、将来の給付水準にどんな影響を及ぼすのでしょうか。

今回の年金改革に先立って、財政検証では「従業員五〇一人以上」という企業規模要件を見直した場合の影響について、オプション試算が行われました。

次のページの表をごらん下さい。まずは一番上の欄、「企業規模要件を完全撤廃」のところです。

適用拡大のオプション試算結果

	新たな厚生年金加入者数	モデル世帯の最終的な所得代替率（ケースⅢ）
1．企業規模要件を完全撤廃	**125万人** 1号から45万人 3号から40万人 非加入から40万人	**+0.5ポイント** 50.8%（厚生24.6%、基礎26.2%）→ 51.4%（厚生24.5%、基礎26.8%）
2．企業規模要件と賃金要件を撤廃	**325万人** 1号から90万人 3号から155万人 非加入から80万人	**+1.1ポイント** 50.8%（厚生24.6%、基礎26.2%）→ 51.9%（厚生24.4%、基礎27.6%）
3．収入が月5.8万円以上の全員に適用	**1050万人** 1号から400万人 3号から350万人 非加入から300万人	**+4.8ポイント** 50.8%（厚生24.6%、基礎26.2%）→ 55.7%（厚生23.7%、基礎31.9%）

※1号は国民年金の第1号被保険者、3号は第3号被保険者、非加入は60歳を過ぎているなどで公的年金に加入していなかった人。所得代替率の基礎年金は夫婦2人分。端数処理のため数字の合計が一致しない部分がある。

出典：厚生労働省資料をもとに著者作成

現行の適用基準のうち「従業員五〇一人以上」という企業規模要件を撤廃し、中小零細企業の短時間労働者にも適用を拡大するとどうなるか。

この場合、厚生年金には新たに約一二五万人が加入します。モデル世帯の六五歳時点の所得代替率は、二〇一九年度の六一・七%から年々低下していきますが、最終的には二〇四六年度以降、五一・四%で下げ止まります。これは、適用拡大を行わなかった場合と比べて〇・五ポイント高い水準です（ケースⅢの場合）。厚生年金の適用拡大を進めると、モデル世帯の所得代替率が将来、やや高い水準で下げ止まるのですね。

ここで、内訳がどうなるかも確認しておきましょう。

もういちど、さきほどの表の「企業規模要件を完全撤廃」のところをごらん下さい。基礎年金の給付水準（満額の夫婦二人分）は二六・二％から二六・八％に、〇・六ポイント上昇しています。

その一方で、厚生年金は二四・六％から二四・五％に、〇・一ポイントの微減です。差し引きで、モデル世帯で見ると所得代替率が〇・五ポイント上がっているのです。

大事なところなので、もう一度おさらいします。

厚生年金の適用を短時間労働者に拡大すると、次のような効果があります。

・基礎年金の給付水準が上がる
・厚生年金は逆で、わずかに下がる
・基礎年金の上がり方のほうが大きいので、モデル世帯で見ると所得代替率が上がる

では、なぜ基礎年金の給付水準が上がるのでしょうか。

「保険料を徴収されていない第三号被保険者が減り、保険料を納める人が増えるから」。そ

う思った方もいると思います。残念。理由はそこではありません。

実は「第一号被保険者が減るから」なのです。でも、そのメカニズムはやや複雑です。ほんの少しだけ、我慢して読んでください。


順を追って見ていきましょう。

この試算で、新たに厚生年金に加入するのは約一二五万人です。内訳は次のようになっています。
・自営業者と同じ国民年金の第一号被保険者だった人＝約四五万人
・サラリーマン世帯の専業主婦など、第三号被保険者だった人＝約四〇万人
・六〇歳を過ぎているなどで、公的年金に加入していなかった人＝約四〇万人
ここで注目すべきなのは、第一号被保険者が約四五万人減り、厚生年金に移ることです。


結果として、何が起きるのでしょうか。それを理解するためには、基礎年金の財源がどのように調達されているか、ごく大まかに仕組みを知る必要があります。

基礎年金は、第一号被保険者の財政＝国民年金勘定と、第二号と第三号の財政＝厚生年金

勘定が、拠出金を出し合うことによって給付が行われています。自営業者グループと、サラリーマングループが、それぞれの人数に応じてお金を持ち寄っているわけです[3]。

ところが、以前も触れたように、自営業者グループの部分は、財政がとても脆弱です。このことが原因で、基礎年金全体の給付水準が、将来は約三割も下がってしまうのです。

ただし、自営業者グループは、虎の子ともいえる国民年金の積立金を約九兆円持っています。運用益を稼ぎながら少しずつ取り崩し、自営業者グループの加入者が老後に受け取る基礎年金の給付に使うことになっています。

適用拡大で第一号被保険者が減ることは、将来、給付を受ける人数も減ることを意味します。つまり、それまでの想定より少ない人数で、この約九兆円の積立金を使えることになるのです。

ようやく結論にたどり着きました。第一号被保険者一人当たりの積立金が増えるので、給付水準を下支えする積立金の効果が大きくなるわけです。結果的に、基礎年金にマクロ経済スライドを実施しなければならない期間が短縮され、最終的な給付水準がある程度まで底上げされます。

適用拡大で基礎年金の給付水準が上がるのは、このように、年金財政の特殊な仕組みが作用するからです。

一方、厚生年金の給付水準がわずかに下がるのは、なぜでしょうか。

厚生年金の財政は、加入者から徴収している厚生年金保険料（月給と賞与の一八・三％を労使で半分ずつ負担）と基礎年金国庫負担による収入で、厚生年金と基礎年金の両方の給付費をまかなっています。

基礎年金の給付水準が上がるということは、将来、厚生年金の財政が基礎年金の給付のために使わなければならないお金が増えることを意味します。このため、第三号被保険者だった人が保険料を納めるというプラス要因があっても、厚生年金の給付水準は想定よりわずかに下がってしまうのです。

（2）賃金要件も廃止

オプション試算では、適用拡大をさらに大幅に進めた場合の試算も行われました。

短時間労働者に対する現行の適用基準には、企業規模要件だけでなく、「月額賃金八・八万円以上」という賃金要件もあります（121ページの図参照）。

この試算は従業員五〇一人以上という企業規模要件だけでなく、賃金要件も撤廃したという想定です。

新たに厚生年金に加入する人数は、さきほどの三倍近い約三二五万人に増えます。このうち約九〇万人が、国民年金の第一号被保険者から厚生年金への移行です。

モデル世帯の最終的な所得代替率は、ケースⅢで見ると一・一ポイント高い五一・九％となります。

（３）収入が一定以上の全員に適用

適用拡大をさらに徹底的に進めると、どうなるでしょうか。オプション試算では「月五・八万円以上の収入のあるすべての被用者に適用」という試算も行いました。

新たに約一〇五〇万人が厚生年金加入者となり、このうち第一号被保険者から移ってくるのは約四〇〇万人です。

モデル世帯の所得代替率の押し上げ効果は、ケースⅢでは四・八ポイント。最終的な所得代替率は五五・七％になります。

(5) 今回改革の経緯

今回の年金改革で、厚労省は当初、企業規模要件の完全撤廃を目指しました。

企業規模要件は二〇一六年に現行の適用基準が施行された際、中小零細企業の経営に配慮して、当分の間の経過措置として設けられました。いずれ撤廃される要件という位置づけです。もし撤廃が実現すれば、さきほどのオプション試算結果の通り、約一二五万人が新たに厚生年金に加入するはずでした。

しかし、外食産業や小売業などを中心に、パートを多く雇う中小企業が、保険料の負担増に強く反対しました。改革案の取りまとめに先立つ二〇一九年一一月には、日本フードサービス協会など外食関連の七団体が東京都内に五〇〇人以上を集めて合同で集会を開き、「断固反対」と気勢を上げました。

次の選挙が気になる与党の国会議員たちは、こうした動きに敏感です。水面下で厚労省に、あまり大幅な適用拡大をしないよう働きかけました。

また、企業だけでなくパートの主婦の中にも、保険料の負担増を嫌がる人が少なくありません。こうした人たちの反発も与党は無視できませんでした。

さらに、サービス業を中心とする深刻な人手不足の問題も影響しました。厚生年金の適用拡大を進めると、働く時間を減らして適用を避けようとする人が出てきます。適用拡大が人手不足に拍車をかけかねないという懸念が企業の間で根強く、厚労省も配慮せざるをえませんでした。

こうしたことから、結局、今回の改革では「五一人以上」までの適用拡大ということに落ち着きました。厚生年金に新たに加入する人数も、完全撤廃の約半分にあたる約六五万人にとどまる見通しとなったのです。

企業規模要件のほかに、「月額賃金八・八万円以上」という賃金要件を引き下げて、もっと収入の少ない短時間労働者も加入対象とする案も厚労省内で検討されましたが、見送られました。

各都道府県の最低賃金が近年、引き上げられつつあります。東京都と神奈川県では既に時給一〇〇〇円を超えており、政府は日本全体でのさらなる引き上げを目標に掲げています。こうした傾向が続けば、賃金要件を引き下げなくても、週二〇時間働けば厚生年金の適用対象になる人が増えてくることなどが理由とされています。

オプション試算のところで見たように、もしも収入が一定以上の全員に徹底した適用拡大を行えば、一〇〇〇万人を超える人が新たに厚生年金の加入者となり、老後の年金が充実します。さすがにそこまでは難しいと考える専門家が多いのですが、それにしても今回の適用拡大の規模は、やはり小さすぎると思います。基礎年金の給付水準を底上げする効果も、限られたものにとどまりました。

(6) 今後の課題

ここまで見たように、本格的な適用拡大は、今後の課題として持ち越されました。次回の年金改革では、まず企業規模要件を完全撤廃すべきだと思います。この要件があるために、同じような働き方をしている短時間労働者の間でも、勤め先の従業員数によって加入する年金制度が違ってきます。これは理屈に合いません。同業の会社間でも、企業規模によって競争条件が不公平になっているという問題もあります。

「月額賃金八・八万円以上」という賃金要件、「週二〇時間以上働く」という労働時間要件の引き下げも今後の課題です。

ただし、その場合は国民年金保険料を納めている人との均衡をどう考えるかという問題があります。

例えば、月額賃金八・八万円の人の厚生年金保険料は、八・八万円×一八・三％で月約一万六一〇〇円（労使合計）です。この金額で六五歳以降、基礎年金に加えて、わずかながら厚生年金も受給できます。厚生年金保険料は事業主が半分を負担するので、短時間労働者の自己負担額は月八〇〇〇円余りとなります。

一方、自営業者などの国民年金保険料はそれより高い月約一万七〇〇〇円で、老後に受け取れるのは基礎年金だけです。「八・八万円」より賃金の低い人も厚生年金に加入して、さらに安い保険料で基礎年金と厚生年金の両方を受け取れるようになると、自営業者などとの不均衡が拡大するのです。

適用拡大をもっと大幅に進める必要があることは間違いありません。しかし、こうした不均衡に目をつぶるのかどうかなど、いろいろと難しい点があることも確かです。

さらに、適用拡大を進めると、企算の中には従業員を業務委託や請負など直接雇用しない契約に変えて、厚生年金保険料の事業主負担を逃れようとするところが出てくるかもしれません。こうした動きから労働者をどう保護するかも重要な課題と言えるでしょう。

3　在職老齢年金の見直し

(1)　法改正の内容

シニア世代が厚生年金を受給しながら会社勤めをすると、年金を減額される場合があります。「在職老齢年金」という仕組みです。働く意欲をそぐと指摘されているため、今回の改革で制度の一部が見直されます。

在職老齢年金は、六〇～六四歳の制度（いわゆる「低在老」）と、六五歳以上の制度（いわゆる「高在老」）で減額の扱いが異なります。今回見直されるのは、六〇～六四歳の低在老のほうです。従来と比べると、年金が減額されにくくなります。

具体的には、次の通りです。

六〇～六四歳の人が会社に勤め、厚生年金の加入者となった場合、現行制度では賃金（賞与込みで計算した月収）と厚生年金の合計が月二八万円を超えると、原則として超過分の半分が厚生年金から差し引かれます。

例えば、本来支給されるはずの厚生年金が月一〇万円の人は、賃金が一八万円を超えると

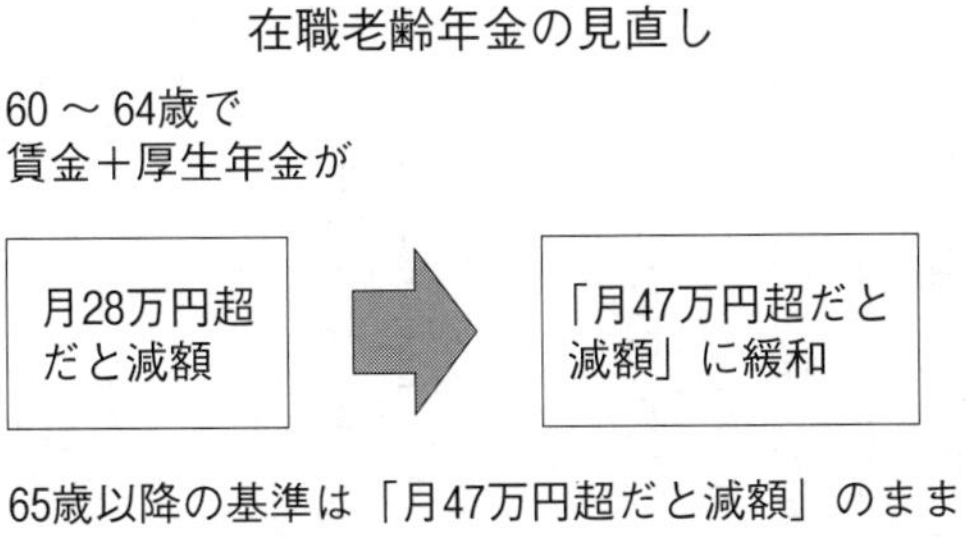

出典：厚生労働省資料をもとに作成

減額が始まります。賃金が一万円増えると厚生年金は五〇〇〇円減り、賃金が三八万円で全額支給停止となります。

今回の改革で、減額が始まる基準額が月二八万円から月四七万円に変更されます。減額される人数は現在より約四六万人少ない約二一万人となり、減額の総額も一年あたり約三〇〇〇億円少ない約一八〇〇億円になる見通しです。[4]

基準額の変更は二〇二二年四月から施行されることになっています。

一方、六五歳以上の高在老は、制度の見直しが見送られました。

現行でも減額の条件は六〇～六四歳より緩やかで、賃金と厚生年金の合計が月四七万円を超えると、超過分の半分が年金から差し引かれます。

例えば、本来支給されるはずの厚生年金が月一〇万円だとすると、賃金が月三七万円を超えたところから減額が始まります。賃金が一万円増えると厚生年金は五〇〇〇円減り、賃金が五七万円で完全に支給停止となります。減額されるのは厚生年金だけで、基礎年金は減額の対象となりません。この現行制度が今後も続くことになります。

(2) 制度の現状と問題点

在職老齢年金によって厚生年金が減額されるのは、働いて収入のある年金受給者にも一律に年金を支給すれば、保険料を負担して支える若い世代の理解を得られない、という理由からです。

減額が年金財政に寄与していることも見逃せません。六〇〜六四歳の低在老は約六七万人に適用され、総額で年約四八〇〇億円が減額されています（二〇一九年度末推計）。六五歳以上の高在老は約四一万人が対象となり、年約四一〇〇億円が減額されています（二〇一八年度末）。年金財政への寄与は、合わせて年約九〇〇〇億円にのぼります。

しかし、海外の例を見ると、米国では二〇〇〇年に、勤労収入に応じて年金を減額する仕組みを原則廃止しました。英国やドイツでも、支給開始年齢以降は働いても年金の減額を受けません。

日本の在職老齢年金の場合、厚生年金に加入しない働き方をすれば年金の減額を免れることができるため、公平性の点でも問題があります。厚生年金の適用対象とならない小規模な個人事業所が多いほか、強制適用であるはずの法人事業所の中にも違法な適用逃れをしているところが少なくないと見られます。同じような働き方のシニア世代の間でも、勤め先がどこであるかによって不公平が起きているのです。

(3)　今後の課題

厚生年金の支給開始年齢は、六〇歳から六五歳に段階的な引き上げが進みつつあります。男性は二〇二五年度、女性は二〇三〇年度に完全六五歳支給となるので、六〇〜六四歳の低在老は、その時点で制度そのものが消滅します。

従って、向こう約一〇〇年間を視野に入れた財政検証では、今回のように六〇〜六四歳の年金を減額されにくくしても、給付増による年金財政へのマイナスの影響は、ほとんど無視できるほど小さいのです。だからこそ今回、見直しが実現したとも言えます。

一方、六五歳以上の高在老は恒久的な制度です。厚労省が見直したかったのは、本当はこちらのほうでした。年金改革について議論する審議会には、減額を完全に撤廃する案などを提示しました。

しかし、恒久的な制度だけに、見直すと年金財政へのマイナスの影響が大きくなります。仮に減額を完全撤廃した場合、ケースⅢのモデル世帯では六五歳時点の所得代替率が最終的に〇・四ポイント押し下げられます。

さらに、高在老については、年金の減額が本当に働く意欲を失わせているのかどうか、根拠となるデータが十分に揃っていませんでした。

これに対し、与党の国会議員からは「高所得者優遇という批判を受けかねない」などと、見直しに慎重な意見が相次ぎました。厚労省は「これからは、現役時代に近い働き方をする六五歳以上の人が増えてくる。今のうち制度を変えておいたほうがよい」と理解を求めましたが、うまく説得することができなかったのです。

結局、高在老の見直しは断念し、ついでに行うつもりだった低在老の見直しだけが実現することになりました。「人生一〇〇年時代」の到来を見据え、年を取っても働く人を増やすという政策目標を実現するうえでは、何とも中途半端で、迫力不足の内容にとどまったと言えるでしょう。

高在老の見直しは、次回以降の年金改革でも議論の対象となる可能性があります。その場合、ぜひ考えてほしいのは年金課税との兼ね合いです。

高在老による年金減額は、賃金と厚生年金の合計が月四七万円の基準額を超えたところから始まり、賃金が一万円増えると年金が五〇〇〇円減ります。少し乱暴かもしれませんが、これは税金に例えると、四七万円まで完全非課税なのに、その基準額を超えたとたんに税率五〇%になるというイメージです。

こういう制度をそのままにしておくよりは、シニア世代が年金の減額を気にせずに働けるようにして、所得税や住民税、あるいは社会保険料をもっと納めてもらう、という方向で考えることが望ましいかもしれません。

公的年金には、保険料を納めた見返りに年金を受け取れるという、負担と給付の対応関係があります。このような対応関係を特徴とする国の制度には、他にも公的医療保険や介護保険などがあり、「社会保険」と総称されています。国と加入者との間に、一種の約束のようなものが成立しているのです。

もちろん、民間の保険商品とは異なって、社会保険では福祉などの観点から保険の原理がさまざまな形で修正されています。とはいえ、賃金が高いと全額支給停止すらありうる在職老齢年金については、保険の原理から外れる度合がやや大きい制度という見方ができるかもしれません。「決められた通りの保険料を納めていたのに…」と、釈然としない思いを抱く年金受給者も少なくないと思います。

これに対し、所得税などの税金には、社会保険に見られるような負担と給付の対応関係がありません。税金を取られたからといって、その代わりに国から何かをしてもらえるという具体的な約束はないのです。そして、個々の人がそのときに置かれた経済状況、つまり税金を担う力（担税力）に応じて負担を求めることが税の特徴です。

従って、社会保険の年金はできるだけ決められた給付額の計算式通り定型的に支給したうえで、所得税や住民税を一人ひとりの経済状況に応じて徴収するほうが、より公平であり、理にかなうという考え方もありえます。

第6章で取り上げるように、公的年金に対する課税は、現役世代の給与所得者などと比べてかなり優遇されています。ある程度の課税強化を行ったとしても、低所得で困窮している高齢者からまで所得税を徴収することにはならないでしょう。高在老による年金減額を緩和する一方で年金課税を強化して、税収増を年金財政に繰り入れることも選択肢の一つかもしれません。

在職定時改定のイメージ

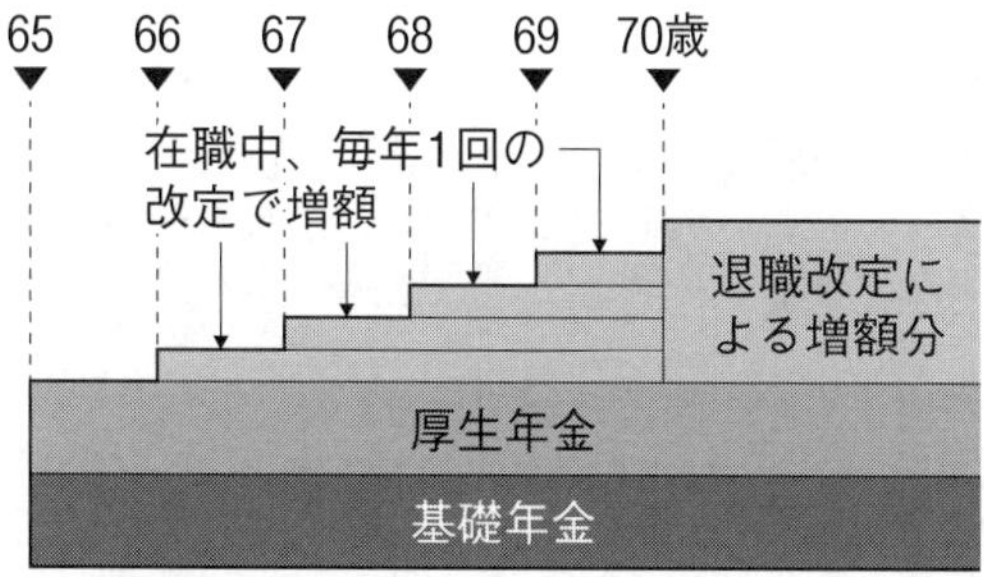

※70歳まで働いた場合
出典：厚生労働省資料をもとに作成

4　その他の改正事項

今回の年金改革で、「在職定時改定」という新たな仕組みが導入されることになりました。年金を受給しながら働く六五～六九歳の人の厚生年金を毎年、増額する制度です。

六五歳以上の人も会社に勤めると、六九歳までは厚生年金の加入者となり、保険料を徴収されます。しかし、これまでは退職するか、七〇歳に到達するまで、それに見合う厚生年金の増額を受けることができませんでした。

在職定時改定の導入で、一年働くごとに、納めた保険料が厚生年金額に反映するようになります。六五歳以降に働く意義を実感できるようにすることが改革の目的です。

厚労省の試算によると、例えば月収二〇万円で働く人の場合、厚生年金が一年ごとに、月約一一〇〇円増えます。約一五〇万人が新制度の恩恵を受ける見通しです。

ただし、年金財政にとっては年八〇〇億円程度のマイナスとなり、モデル世帯の所得代替率が将来、〇・一ポイント未満の微減となります。新制度は二〇二二年度から実施されることになっています。

今回の改革にはこのほか、加入者一人ひとりに配布されている年金手帳を廃止して、もっと簡略な「基礎年金番号通知書」に切り替えることも盛り込まれました。年約二・七億円かかっていた手帳発行のコストを縮減することが目的です。

未婚のひとり親などが国民年金保険料の全額免除を受けやすくする制度改正も行われます。厚生年金の適用を違法に免れている疑いのある事業所に対して立ち入り検査を行えるように、日本年金機構の調査権限が拡大されることも決まりました。

（1）厚労省の試算によると、単身者が六五歳以降に月一五万円の年金を受給した場合の所得税と住民税は合わせて月一八〇〇円程度なのに対し、七五歳まで繰り下げて八四％増の月二七万六〇〇〇円を受給すると、所得税と住民税は合わせて月約一万九〇〇〇円に増えるとされています（二〇二〇年四月一七日、衆院厚生労働委員会での年金局長答弁）。

（2）適用拡大の施行時期には、日本経済がまだ新型コロナウイルスの感染拡大による打撃から立ち直っていない可能性もあります。適用拡大を円滑に進めるためにも、中小企業に対する支援策を年金制度の枠外で十分に講じる必要があると思います。

（3）サラリーマングループは、第二号被保険者（厚生年金加入者）と第三号被保険者（サラリーマン世帯の専業主婦など）を合わせた人数に応じて、基礎年金のための拠出金を払っています。第三号の人が第二号に移って保険料を納めるようになっても、第二号と第三号を合わせた人数に変化はないので、基礎年金の財政には貢献しません。

（4）二〇一九年度末時点で実施と仮定した試算

第6章　先送りされた課題

1　四つの課題

前章で、今回の年金改革について主な内容を見てきました。いかがでしょう、全体としてかなり小粒な印象を受けませんか。

全世代型社会保障改革の一環として、働く六〇歳以上の人を増やす方向に、不十分とはいえ一歩を踏み出したという評価はできるかもしれません。しかし、財政検証で示された給付水準の低下、特に基礎年金の深刻な劣化への対策があまり講じられていないのです。

二〇一九年七月の参院選では、老後に二〇〇〇万円の資金が必要だとした金融審議会の報告書が出たことを受けて、年金問題が争点の一つになりました。報道各社の世論調査でも、選挙で最も重視する政策として多くの人が年金などの社会保障改革を挙げました。

こうした世論と政府の対応の間には、かなりの温度差があるように感じます。本来は、もっと踏み込んだ改革が必要だったのではないでしょうか。

私が特に必要だと思う改革の重要課題のうち、厚生年金の適用拡大については前章で論じました。マクロ経済スライドをデフレ時にも完全実施できるように、法律を改正すべきだという考えも第2章で述べました。この章では政府が先送りした課題の中から、それ以外に、次の四つのテーマを選んで解説します。

①加入義務を四五年に延ばす
②標準となる受給年齢の再検討
③女性と年金
④年金課税

順に見ていきましょう。

2　加入義務を四五年に延ばす

(1)　給付が増える

現行の公的年金は、すべての職業の人が国民年金（給付の名称は基礎年金）に二〇歳から六〇歳になるまでの四〇年加入し、年金を原則として六五歳から受給することが基本となっています。

しかし、既に見たように、特に基礎年金は給付水準がこれから約三割も下がる見通しで、給付の劣化が深刻になります。

そこで、国民年金に加入を義務づける期間を五年延長して「六五歳になるまで」の四五年間としたらどうなるでしょうか。ごく単純に考えると、保険料を納める期間が四〇分の四五となり、基礎年金の給付額が一割強ほど増えます。基礎年金の給付水準低下を抑える、とても有効な手段と言えるでしょう。

(2)　オプション試算の結果

ただし、給付水準への影響は、モデル世帯で考えるともう少し複雑です。

ケースⅢの最終所得代替率

50.8%（2047年度）
- 厚生年金24.6%
- 基礎年金26.2%（１人当たり13.1%）

45年加入にすると… ➡

57.6%（2046年度）
- 厚生年金27.6%
- 基礎年金30.0%（１人当たり15.0%）

出典：財政検証結果

まず、現在でも六〇歳代前半で厚生年金に加入して保険料を納めている会社員がいます。その人たちが追加で保険料を納めるわけではありません。

また、サラリーマン世帯の専業主婦など（国民年金の第三号被保険者）は、現行制度では二〇歳以上六〇歳未満という年齢制限がありますが、この五年延長が実現すれば六五歳未満が対象となり、その五年分も自分で保険料を納めずに基礎年金を受給できることになるかもしれません。

さまざまな要素が絡み合うことから、財政検証の「オプション試算」で、精緻な計算が行われました。

この結果、財政検証の各ケースとも、モデル世帯の六五歳時点での所得代替率が将来、改革を行わない場合と比較して六～七ポイント程度高い水準で下げ止まることがわかりました。標準的とされるケースⅢの場合、将来の最終的な所得代替率が五〇・八％から五七・六％に六・八ポイント上昇します。

基礎年金１人分の最終的な給付水準（ケースⅢ）

現役世代男性の18.2％（2019年度） →40年加入のままだと　13.1％（約３割低下） →45年加入にすると　15.0％（約２割低下）

出典：財政検証結果

ここから基礎年金一人分だけを取り出してみると、どうなるでしょうか。第3章で見たように、ケースⅢの場合、今回の財政検証が行われた二〇一九年度の給付水準（六五歳時点の基礎年金満額÷現役世代男性の平均手取り賃金）は一八・二％で、これからしだいに低下し、現行制度のままだと二〇四七年度以降は一三・一％になります。これは給付水準が〇・七二倍になる、つまり約三割低下することを意味します。

しかし、四五年加入に制度を変えた場合、六五歳時点の給付水準は将来受給する若い世代も一五・〇％で下げ止まり、二〇一九年度の〇・八二倍になる、つまり約二割の低下にとどめることができます。

(3)　国庫負担増がネック

厚生労働省は、この四五年加入案を将来ぜひ実現したいと思っているようです。

国民の寿命は延び続けています。加入義務を四〇年のままにしていると、保険料を納める期間の長さと、年金を受給する期間の長さのバランスが崩れてきます。長寿化に合わせて加入義務期間を延ばすのは、ごく自然なことだと私も思います。

しかし、実現には二つの課題があります。

まず、保険料を納める期間が五年延びることに、少なからぬ国民が反発するかもしれません。それについては「基礎年金の給付も増えるのだから」と説得するとしても、もう一つ障壁があります。

基礎年金の給付費用は、半分が国庫負担です。将来の基礎年金額が増えることは、その分、税財源で負担する金額も多くなるということなのです。

追加的に必要となる税財源について、オプション試算ではケースⅢの場合、二〇六〇年頃に現行制度と比べて年一・二兆円増という結果になりました（金額は現在の価値に換算）。

国の財政が厳しいなかで、すぐにではなく将来のこととはいえ、恒常的に年一・二兆円もの税財源を確保するのは大変なことです。財務省が簡単に首を縦に振らないことは、想像に難くありません。今回の年金改革では、厚労省と財務省の間で早くから「見送り」という暗黙の合意ができていたようです。

うがった見方をすれば、この改革案は財務省が将来、消費税率を一五％などに引き上げようとする際のカードなのかもしれません。基礎年金を増額する財源確保のために、消費増税が必要だ――と国民に訴える材料として。

しかし、基礎年金の給付水準低下には、待ったなしで対策を講じなければなりません。遅くても五年後の年金改革では、ぜひ実現してほしい課題です。そのために、将来の消費税率一〇％超への引き上げについても、議論を避けるべきではないと思います。

3　標準となる受給年齢の再検討

(1)　今回は早々と見送り

公的年金の支給開始年齢は、原則として六五歳とされています。

基礎年金は一九八六年度に制度が始まった時から六五歳支給です。厚生年金は二〇〇〇年の年金改革で、それまで六〇歳だった支給開始年齢を男性は二〇二五年度、女性は二〇三〇年度までに六五歳とすることが決まりました（六〇～六四歳の厚生年金の一階部分にあたる「定額部分」は、一九九四年の年金改革で六五歳への段階的な引き上げが決まっていました）。

第5章で、政府が繰り下げ受給の選択肢を拡大することを紹介しました。繰り下げ受給とは、希望者が任意で六五歳より遅い時期からの受給を選択すると、その代わり年金月額が増える仕組みのことです。

こうした任意の繰り下げとは別に、原則となる支給開始年齢を一律に六七歳、六八歳、七〇歳、あるいはもっと高い年齢に引き上げるかどうか。年金改革の議論では、しばしば話題にのぼります。

今回の年金改革では、安倍首相が国会答弁で繰り返し一律の支給開始年齢引き上げを行わない方針を表明するなど、政府は早々と検討対象から外していました。しかし、今回見送られたとしても、将来、引き上げが選択肢となる可能性はないのでしょうか。

(2) 長寿化と年金

まず話の前提として、日本人の長寿化について確認しておきたいと思います。

第2章でも触れたように、日本人の平均寿命は延び続けていて、二〇一八年には男性八一・二五歳、女性八七・三二歳になっています。平成の三〇年間で、男女とも五歳ほど延びました。

しかも、平均寿命は二〇六五年までに男性八四・九五歳、女性九一・三五歳へと、それぞ

日本人の平均寿命と主な年金改革

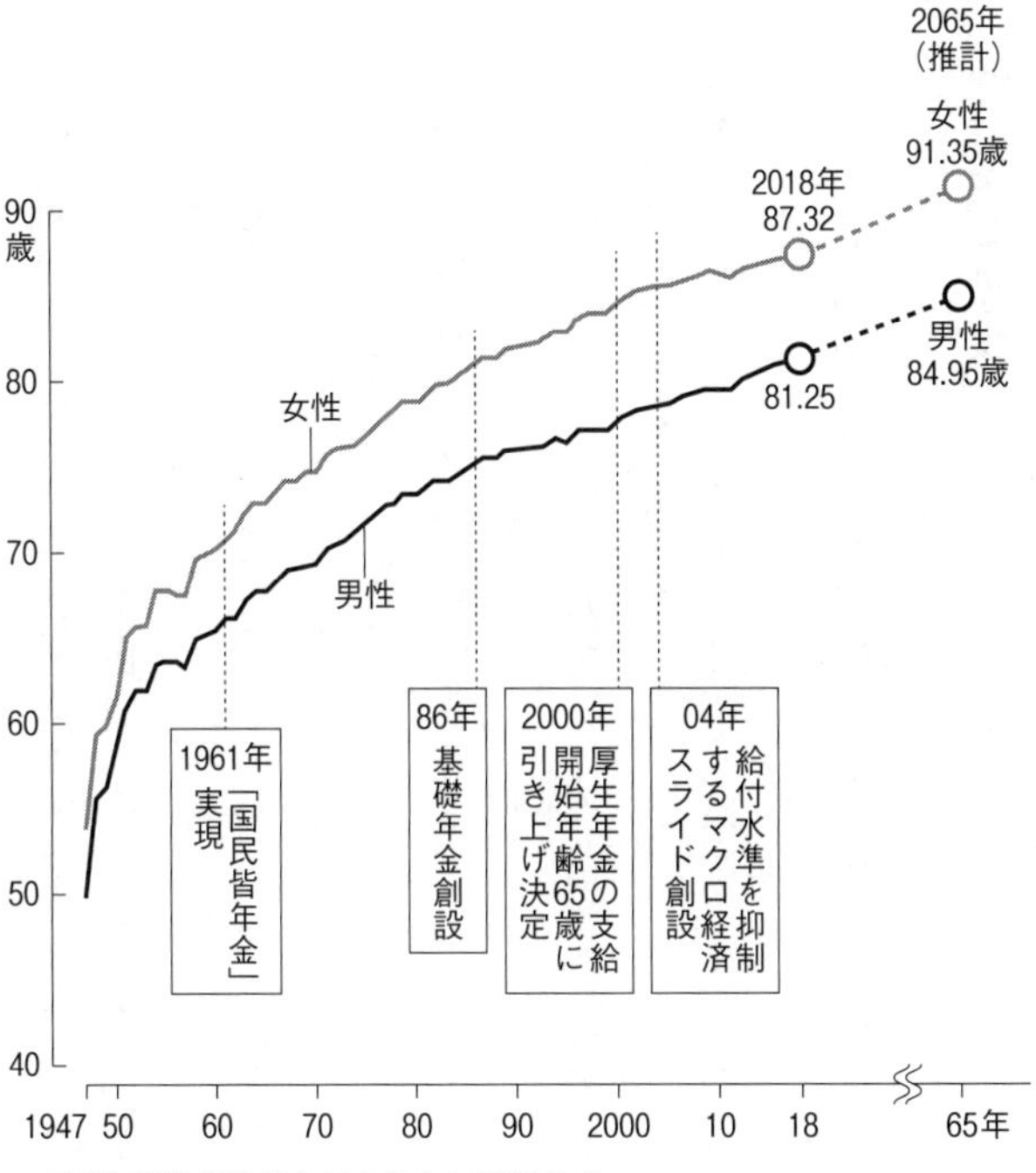

※厚生労働省資料などをもとに著者作成

れさらに四年程度延びると推計されています（国立社会保障・人口問題研究所の将来推計人口）。これに伴って、六五歳の人が平均的にはあと何年生きるかを示す平均余命も延び、年金の受給期間も長くなっていきます。

長寿化が進むなかで制度を今のままにしておくと、現役で働いて保険料を納める期間と、年金を受給して生きる期間のバランスが悪くなってきます。

長寿化は程度の差こそあれ、先進国で共通の現象です。このため、例えば米国は一九八三年の改革で、公的年金の支給開始年齢をそれまでの六五歳から、二〇二七年までに六七歳に引き上げることを決めています。

英国では二〇一〇年まで男性六五歳、女性六〇歳でしたが、男女ともに二〇四六年までに六八歳に引き上げることが決まっています。

ドイツでは二〇一二年まで六五歳支給でしたが、二〇二九年以降は六七歳からの支給になります。

そして、いずれの国も日本より国民の平均寿命は短いのです。

(3) 厚労省の改革案

厚生年金の支給開始年齢

1942年	労働者年金保険法（厚生年金の前身）　男性55歳（女性は適用除外）
1944年	厚生年金保険法　男女とも55歳
1954年改正	男性55歳→60歳の引き上げ決定（4年に1歳ずつ、1957年度から16年かけて引き上げ）
1980年改正	男性60歳→65歳、女性55歳→60歳とする案が審議会に諮問されたが、労使委員の強い反対があったことなどから、法案には検討規定だけが盛り込まれた。国会修正で検討規定も削除
1985年改正	女性55歳→60歳（3年に1歳ずつ、1987年度から12年かけて引き上げ）
1989年改正	男女とも60歳→65歳とする法案が国会に提出されたが、衆議院の修正で支給開始年齢引き上げの規定を削除
1994年改正	厚生年金の定額部分（1階部分）について、男女とも60歳→65歳とすることを決定（3年に1歳ずつ、男性は2001年度から、女性は2006年度から，それぞれ12年かけて引き上げ）
2000年改正	厚生年金の報酬比例部分（2階部分）について、男女とも60歳→65歳とすることを決定（3年に1歳ずつ、男性は2013年度から、女性は2018年度から、それぞれ12年かけて引き上げ）

（国民年金の支給開始年齢は制度発足以来65歳のまま）

出典：厚生労働省資料

こうしたことから、二〇一一年六月に当時の菅直人・民主党政権が決定した「社会保障・税一体改革成案」には、公的年金の支給開始年齢について「六八～七〇歳へのさらなる引き上げを視野に検討」するという方針が明記されました。厚労省も同年一〇月、社会保障審議会年金部会に、公的年金の支給開始年齢を六八歳まで引き上げる具体案を示しました。

しかし、この案は各方面から「高齢者の働く場が確保できていない」などと批判を浴びました。その後、厚労省は引き上げを中長期的な課題と位置づけ、当面は検討対象としない方針に転換したのです。

(4) 国民会議の報告書

二〇一三年八月には、政府が社会保障と税の一体改革を具体化するために設けた、有識者らによる「社会保障制度改革国民会議」が報告書をまとめました。その中で、支給開始年齢の引き上げについて「直ちに具体的な見直しを行う環境にはない」「中長期的課題として考える必要がある」として、検討を先送りする考えを明確にしました。

報告書はその理由として、厚生年金の支給開始年齢がまだ六五歳への引き上げの途上にあることを挙げています。

さらに、二〇〇四年の年金改革で二〇一七年以降の保険料水準が固定され、限られた財源で給付をまかなうために、マクロ経済スライドで給付水準を抑える仕組みになったことも指摘しています。

確かに、この仕組みのもとでは、支給開始年齢の引き上げという年金財政にとってプラスの要因があると、その分だけマクロ経済スライドの実施期間が短くなり、最終的な所得代替率の低下が抑えられることになります。つまり、支給開始年齢を引き上げても、長期的に見て年金給付の総額は基本的に変わりません。

国民会議の報告書はこのことを指摘した上で、「支給開始年齢の問題は、年金財政上の観点というよりは、平均寿命が延び、個々人の人生が長期化する中で、ミクロ的には一人一人の人生における就労期間と引退期間のバランスをどう考えるか、マクロ的には社会全体が高齢化する中での就労人口と非就労人口のバランスをどう考えるかという問題として検討されるべきものである」と結論づけています。

あまりはっきりとした言い方ではありませんが、支給開始年齢の引き上げにかなり否定的な態度だという受け止め方が、専門家の間では一般的だと思います。

基礎年金の給付水準は、これから大幅に低下する見通しです。年齢引き上げが給付水準を底上げする効果をもっと積極的に評価すべきかどうか、議論が分かれるところだと思います。しかしいずれにせよ、支給開始年齢の引き上げを中長期的な課題と位置づけた報告書の考え方は、その後、政府の公式見解になったと言ってよいでしょう。

(5) 旧厚生省OBの提言

とても興味深いことに、厚労省やその前身の旧厚生省で年金政策を担当してきた官僚OBの間では、今の厚労省の姿勢を疑問視する声が目立ちます。直ちに具体的な検討を行う環境にないとしても、長寿化がこの先も進行していくなかで、厚労省があまり否定的な態度を取らないほうがよい、というのです。

その代表例として、旧厚生省の年金局長として基礎年金が創設された一九八五年の年金改革を手がけ、その後に事務次官も務めた吉原健二氏の意見を紹介しておきます。吉原氏が二〇一九年四月、雑誌に寄稿した論文からの引用です[1]。

吉原氏は、二〇六〇年頃に国民のほぼ四割が年金受給者となる一方で、第三号被保険者や保険料免除を受けた人を除くと、実際に保険料を納めて制度を支える加入者数は、受給者数より少なくなる可能性さえあると指摘します。

そのうえで、次のように述べています。

「今年を含めて二度しか発動されていないマクロ経済調整の仕組みでこのような事態に対応できるとはとうてい思えないし、無理して対応しようとすれば給付水準の引き下げが大きくなりすぎ、年金とは言えないものになるおそれがある」

「事前にそうならないような方策を講ずることが必要である。…それには先ず、男女を問わず国民の誰もが元気である限り七〇歳くらいまで働き、厚生年金や国民年金の被保険者になってもらうことであり、そのためには、現在二〇歳から六〇歳までとなっている国民年金の被保険者期間を、厚生年金と同様七〇歳くらいまで延長することを検討する必要がある」[2]

「それと同時に将来の年金受給者を減らすために現在六五歳までの引き上げの途上にある年金の受給開始年齢をさらに七〇歳くらいまで引き上げることを検討する必要がある」

「たとえ財政効果が同じであっても年齢の引き上げが果たすべき役割を給付の引き下げに負わせてはならない。制度のバランスが崩れ、給付水準が低くなりすぎる。……引き上げる必要がないと言いきらず、まだ根強くある引き上げ論にも耳を傾け、二〇六〇年頃を目途とした中長期的課題として残しておいてほしい」[3]

(6) 議論の状況

公的年金の支給開始年齢をめぐっては、多くの論者がさまざまな主張をしています。引き上げを検討対象とすべきだという主張では、吉原氏のように長寿化で年金の受給期間が延び、このまま放置すれば現役で保険料を払って制度を支える期間とのバランスが悪くなる、という意見が代表的だと思います。

さらに、今は支給開始年齢が原則六五歳なので、多くの人が「六五歳になるまでは働こう」という意識を持っています。裏返していえば、六五歳になったら引退しようと思う人が少なくないわけです。こうしたことから、支給開始年齢を引き上げることが、六五歳以降の就労を促すことにつながるという意見もあります。

その一方、年金は社会・経済のメインシステムを補完するサブシステムであり、年金改革によって雇用のあり方を変えようとするのは本末転倒だ、などの反論もあります。

また、支給開始年齢が引き上げられても、既に受給が始まっている高齢者は影響を受けません。その一方で、引き上げが行われた後に受給する世代は大きな影響を受けるため、世代間の不公平が生じるという指摘もあります。政府がもし実現を目指せば、対象となる世代から反発が予想されます。政治的に極めて難易度の高いテーマであることは確かです。

いずれにしても、人の寿命が延びていくことに年金制度がどう対応するかについては、さらに真剣に議論しておく必要があります。改革が遅れると、想定外の負担増や給付減が後になって生じ、結果として将来世代へのつけの先送りになってしまう懸念があります。

政府が支給開始年齢の引き上げを当面検討しないのであれば、それ以外の方法で特に基礎年金の給付水準低下をどうやって抑えるのか、もっと踏み込んだ改革案を示す必要があると思います。

4　女性と年金

(1)　公的年金の女性観

女性は結婚したら家庭に入り、あまり離婚はしない――。公的年金は基本的に、このような前提で制度がつくられました。しかし、晩婚化や非婚化が進み、勤労者世帯のうち共働きの割合が専業主婦世帯を上回り、熟年離婚が増えるなど、国民の意識やライフスタイルは大きく変わりました。年金制度もそれに合わせた変革を迫られているのですが、厚労省は今回の年金改革で、こうした点にはほとんど取り組んでいません。

女性にかかわりの深い年金問題といえば、第三号被保険者制度の是非が、よく話題になります。サラリーマン世帯の専業主婦などが自分で保険料を納めなくても基礎年金を受給できることには、根強い批判があります。

日本の年金は一見すると、専業主婦にとって恵まれた制度のようにも思えます。しかし、専業主婦を保護しようという「善意」に満ちているということは、裏を返せば、妻は夫に従属する存在だという古い意識が色濃く残っているということだとも言えます。

(2) 検討会の議論

今からもうずいぶん前になるのですが、女性にかかわりの深い年金制度の問題点については、二〇〇〇年に当時の厚生省が設けた「女性のライフスタイルの変化等に対応した年金の在り方に関する検討会（女性と年金検討会）」（座長・袖井孝子お茶の水女子大教授＝当時）で、本格的な検討が行われたことがあります。

その議論は多岐にわたり、第三号被保険者制度の是非、専業主婦世帯をモデル世帯としていることの問題点、遺族年金、離婚時の年金分割、育児期間に対する年金制度上の配慮などが主な論点となりました。このほか、厚生年金の適用拡大も、短時間労働者の多くが女性であることから、この検討会で取り上げられました。

しかし、検討会の報告書で提言された内容のうち、これまでに実現したのは、離婚時の年金分割制度など一部にとどまっています。

「女性と年金」の問題は、男性にとっても働き方、さらには生き方の変革につながる問題です。その改革が立ち遅れているのです。以下では第三号被保険者制度を中心に、何が問題になっているのかを概観します。

(3)　第三号被保険者制度

第１章で見たように、日本の公的年金は二〇歳以上六〇歳未満の全員が国民年金（基礎年金）に加入を義務づけられている、国民皆年金の体制を取っています。

このうち、会社員や公務員として厚生年金に加入している人は、国民年金の第二号被保険者になっています。

第三号被保険者とは、第二号に扶養される年収一三〇万円未満の配偶者のことです。

第三号被保険者は二〇一九年三月末現在で約八四七万人います。このうち約九九％が女性で、男性は約一％にすぎません。第三号は女性の公的年金加入者のうち約四分の一を占めて

女性の年金加入の内訳（2019年３月末）

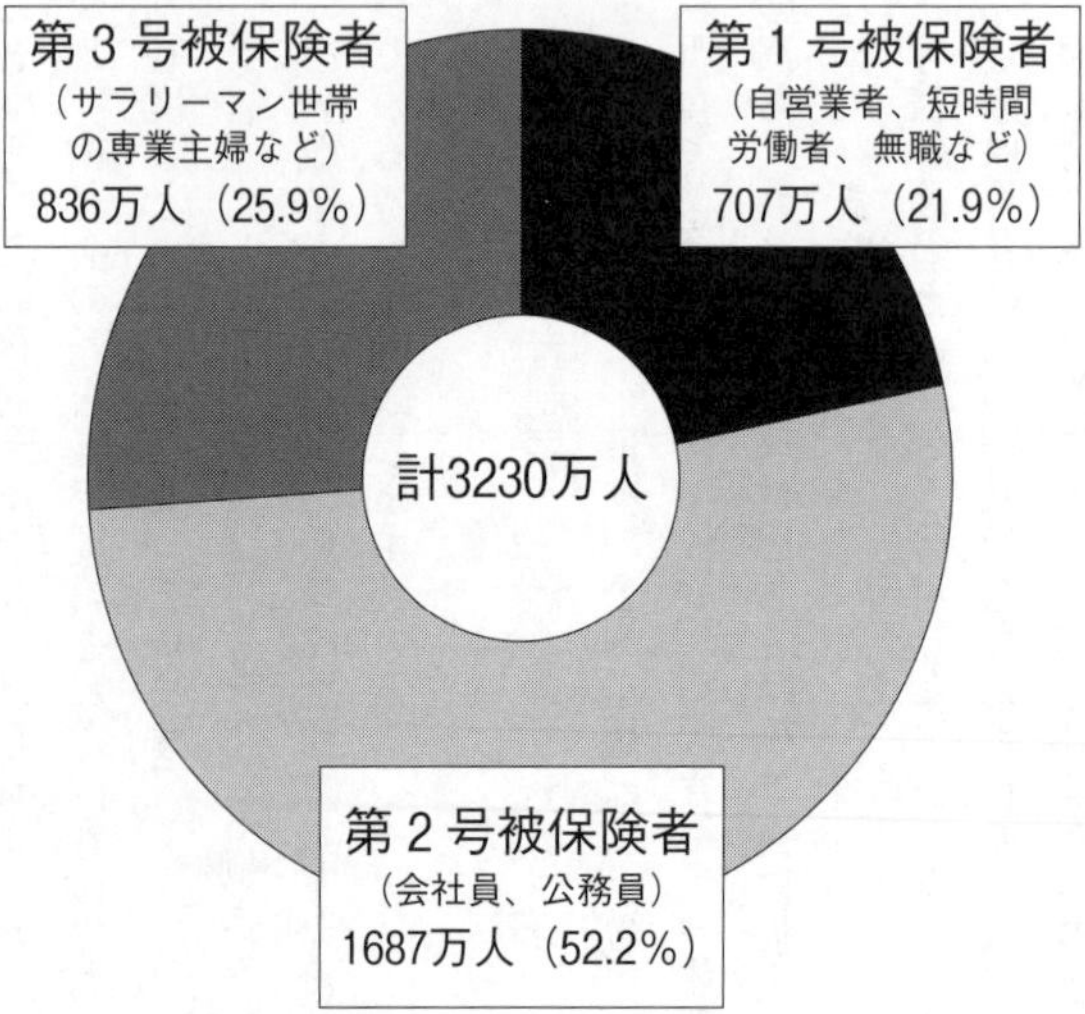

出典：厚生労働省資料

います。

第三号の制度は、基礎年金ができた一九八五年の年金改革で創設されました。

それまでサラリーマン世帯の専業主婦は国民年金に加入するかどうかが任意で、加入せずに障害を負った場合や離婚した場合は無年金になることなどの問題がありました。このため、八五年の改革では「女性の年金権を確立する」ことを目的に、サラリーマン世帯の専業主婦も国民年金に加入を義務づけたのです。そのうえで、妻自身には負担能力がないとして、保険料は徴収しないことにしました。

(4) 第三号の制度をめぐる議論

第三号の制度については、「専業主婦世帯を優遇し過ぎている」という批判が根強くあるほか、パートの女性が就労時間を抑える原因（いわゆる「一三〇万円の壁」など）にもなっています。女性が社会で活躍することを年金制度が妨げているのです。

さらに、自営業者の妻は専業主婦でも国民年金の第一号被保険者となり、自分で保険料を納めなければならないこととの間で不公平だという指摘もあります。

しかし、その一方で現行制度を維持すべきだという意見も多く、理由として「負担能力の低い人に保険料を課すべきではない」「育児や介護のため家庭にとどまらざるを得ない主婦も多い」という声が目立ちます。

また、自営業者の妻が保険料を納めていることとの関係では、以前も触れたように第三号の分の保険料はあくまで厚生年金の加入者だけで負担しており、自営業者など（第一号被保険者）の納めた保険料は使われていないので、単純に比較すべきではないという反論があります。

第三号の制度を設けた根拠として、厚労省がしばしば持ち出すのは「世帯単位で見ると、夫婦の収入の合計が同じであれば、保険料も年金給付も同額になる」という点です。

これは、具体的には次のようなことです。

例えば、月収が五〇万円の夫と専業主婦の世帯（A世帯）と、夫三〇万円、妻二〇万円の共働き世帯（B世帯）という、年齢が同じ二つの世帯があるとします。保険料は、A世帯が一か月あたり「五〇万円×保険料率×〇・五（労使折半）」です。B世帯も「（三〇万円＋二〇万円）×保険料率×〇・五（同）」なので同額となります。

将来の受給額も、厚生年金は基本的に、現役時代の平均賃金×加入月数×生年月日に応じた係数――という計算方法です。両世帯は現役時代の平均賃金（夫婦合計）が同じなので、加入月数が同じであれば厚生年金は同額です。基礎年金も、加入月数が同じであれば同額になります。

つまり、A世帯とB世帯は負担も給付も同額なので、世帯単位で見れば公平だというのが厚労省の言い分です。

しかし、この論理も、例えば妻が専業主婦の夫婦世帯と、収入が同じ単身世帯の間では通用しません。収入が同じでも夫婦世帯は基礎年金を夫婦二人分受給できるのに対し、単身世帯は一人分しか受給できないからです。

(5)　検討会の案

制度の是非について様々な意見がある中で、女性と年金検討会の報告書は六通りの改革案を提言しました。全てを紹介すると話が複雑になるので、私なりに整理すると、このうち有力なのは次の二つの案です。

〈A案〉いわゆる「賃金分割」

〈B案〉専業主婦世帯から追加で保険料を徴収する

順に見ていきましょう。

A案の「賃金分割」は、夫の賃金の半分を妻のものと見なし、夫分と妻分の両方に厚生年金保険料を課すという案です(4)。

例えば夫が月収三〇万円、妻が専業主婦という世帯があるとします。今は夫が稼いだ三〇万円に、厚生年金保険料（現行一八・三％を労使で半分ずつ負担）が課されています。労使合計で月五万四九〇〇円、本人負担分はその半分の二万七四五〇円です。妻は保険料を納めなくて済んでいます。

賃金分割方式では、この三〇万円を夫と妻が半分ずつ得たものと考えます。それぞれ一五万円ですね。そのうえで、夫と妻の両方に厚生年金保険料を課したことにするのです。保険料は一人あたりで見ると現行制度の半分、つまり労使合計で月二万七四五〇円、本人負担分は一万三七二五円になります。しかし、夫婦合計の保険料額はその二倍となり、現行制度と変わりません。

その一方で、老後に受給する厚生年金は基本的に、現行制度で夫が受給するはずの金額を夫と妻が半分ずつ分け合う形となります[5]。

この案は、専業主婦も家事や育児などさまざまな形で夫の仕事に協力しているので、年金制度でその貢献を認めるという考え方に基づいています。専業主婦も名目上は保険料を納めたことにして、現行の第三号被保険者に対する「保険料を納めていない」という批判を和らげることを意図しています。

ただし、実際に専業主婦世帯の保険料負担が増えるわけではないので、どこまで不公平感が解消されるかはわかりません。賃金分割の考え方が税制など社会の他の制度に組み込まれていないなかで、年金制度に採用することが妥当かどうかも問題になります。さらに、妻分の保険料についてまで、企業に事業主負担分を拠出させることの根拠があまりはっきりしないという弱点もあります。

一方のＢ案は、専業主婦本人またはその夫から、追加の保険料を徴収する案です。こちらはわかりやすいですね。

具体的な方法として、女性と年金検討会の報告書は次の二つを挙げています。

①現行の厚生年金の保険料率は配偶者の有無などにかかわらず一律だが、新たに専業主婦の夫は高く、それ以外の人は低く設定し直す

②厚生年金の保険料率を一律に引き下げ、そのうえで第三号被保険者の本人、またはその夫から、自営業者など第一号被保険者と同じ国民年金保険料（現行は月約一万七〇〇〇円）を徴収する。

B案は専業主婦世帯に新たな保険料負担を求めるため、現在の不公平感を直接的に解消できることが長所です。

ただし、保険料を新たに徴収することに、国民の明確な合意はありません。負担が増える専業主婦世帯の理解を得られるかどうか。政治的には実現のハードルが相当高そうです。

また、追加の保険料を①の方式で徴収する場合、専業主婦の夫を雇うと事業主の保険料負担が多くなります。企業の理解を得られるのか、専業主婦の夫が雇用されにくくなることはないのか、といった問題点も指摘されています。

さらに、現行の国民年金保険料は一律の金額に設定されているため、所得が相対的に低い人の負担感が強い「逆進性」の問題が指摘されています。追加の保険料徴収を②の方式にすると、その問題が専業主婦世帯にまで持ち込まれてしまいます。保険料を専業主婦から直接徴収すれば、未納になる人も出てきそうです。夫の会社に代行徴収させる案もありますが、企業の事務負担が増えてしまいます。

このように、A案、B案はいずれも利点とともに問題点があります。女性と年金検討会は、どうするのか結論を出すことができませんでした。

(6) 厚労省の対応

国民の意見が割れていることから、厚労省は二〇〇一年に検討会の報告書が出たあと、具体的な議論を先送りしました。

二〇一一年には民主党政権のもとで、厚労省が女性と年金検討会のA案とほぼ同じ案を社会保障審議会年金部会に示したことがあります。しかし、不公平感を解消する効果が限定的であることなどから支持が広がらず、立ち消えとなりました。

厚労省は今のところ、第三号被保険者の制度をすぐに見直そうとはしていません。この制度への批判には当面、厚生年金の適用を短時間労働者に広げていくことで対応しようとしているようです。

適用拡大によって、短時間のパートで働く主婦が厚生年金に加入すれば、それにつれて第三号被保険者の人数が減っていきます。直接の利害関係者の人数が今よりかなり少なくなったところで、第三号の制度をどう見直すか検討しようということなのでしょう。

しかし、そうすると第三号の制度に対する不公平感はまだ当分の間、解消されないことになります。これは年金制度に対する国民の信頼感を確保する上で、決して好ましいことではありません。

女性は会社に勤めたり、育児のために仕事を辞めたり、また働きに出るといったように、一生の間にライフスタイルが変化することがよくあります。働く女性と専業主婦の対立というように、あまり単純に考えるべき問題ではないと思います。

生きていく節目、節目の選択に、年金制度での損得勘定が影響するのは好ましくありません。生き方の選択に、もっと中立な制度にすることが求められているのです。第三号の制度をどうするか、政府は検討をあまり先送りすべきでないと思います。

⑺ 山積する課題

女性と年金検討会が提起した問題は、第三号被保険者制度のほかにも多岐にわたります。このうち、モデル世帯のあり方と、遺族年金について見ておきましょう。

⑴ モデル世帯

本書でこれまで何度も登場したように、財政検証には妻が専業主婦の「モデル世帯」が使われています[6]。しかし、妻が厚生年金に加入したことのない専業主婦世帯をモデルとすることは、共働きが増えた今の時代に合わない面もあります。

この点について、女性と年金検討会の報告書は「女性の一定の厚生年金加入期間を前提としたモデル年金を想定していくことが妥当」だと提言しました。

しかし、仮に共働きのモデル世帯に変えるとしても、妻が夫と同様に四〇年間フルタイムで働く世帯を想定するのか、それとも子育て期間などを考慮してもっと短い期間しか働かない世帯にするのか、男女に賃金格差がある社会実態を反映させるのかどうか、といった点が問題になります。

また、第4章で見た「所得代替率は将来も五〇％を確保する」という給付水準の下限は、あくまで妻が専業主婦のモデル世帯を前提にしています。給付水準の下限をどうするのか再検討し、この法律の規定を変えることになるかもしれません。その場合でも、今後の財政検証では結果を過去の検証と比較するために、引き続き妻が専業主婦の現行モデル世帯を併用する必要があります。

さらに、政府にとっては、妻が保険料を納めなくても老後に基礎年金を受給できる今のモデル世帯のほうが、納めた保険料に対して多くの年金を受け取れる有利さを強調でき、都合がよいという事情もあります。

こうしたことから、厚労省は今回の財政検証でも、モデル世帯の定義を変更しませんでした。それならばせめて、共働き世帯の参考になるように、妻が働いた場合を想定した各種の試算をわかりやすく示してほしいところですが、そういう配慮もあまりしていません。

（2）遺族年金

サラリーマンだった夫が亡くなった場合、残された妻は、一定の要件を満たせば遺族厚生年金を受け取ることができます。この制度について、働く女性の間に「夫の遺族厚生年金を受給すると、自分が働いて得た厚生年金が掛け捨て同然になってしまう」という不満の声が根強くあります。

女性は育児などのため厚生年金の加入期間が短くなりがちで、働いている間の賃金も男性より低い場合が目立ちます。この結果として、老後に受け取れる自分の厚生年金（老齢厚生年金）の金額が、夫の遺族厚生年金を下回る場合が少なくありません。(7)

その場合、残された妻は六五歳以降、自分が働いて得た厚生年金を受給し、そのほかに夫の遺族厚生年金との差額も受け取ることができます。

でも、これは結局のところ、夫の遺族厚生年金だけを受け取るのと、金額で見ると同じですね。この妻が外で働かず、ずっと専業主婦だったとしても受給額は変わりません。働いて厚生年金に加入したことが、実質的には年金額に反映しないのです。

しかも、遺族厚生年金は非課税なのに対し、自分が働いて得た老齢厚生年金は所得税や住民税の課税対象となり、手取りが少なくなってしまうことがあります。働く女性が不公平感を抱くのは、ごく自然なことだと思います。

しかし、今回の年金改革で制度の見直しはありません。

このほか、遺族厚生年金については二〇〇七年から、若い年齢の妻に対する給付の見直しが行われました。それまでは本人が再婚した場合を除けば年齢と関係なく終身支給でしたが、夫が亡くなったときに三〇歳未満で子供のいない妻については、給付が五年間で打ち切られることになりました。将来、さらに高い年齢の人も有期給付とする見直しが行われるかもしれません。

5　年金課税

公的年金に対する所得税の課税は、現役世代の賃金などと比べて大きく優遇されています。高齢者同士でも様々な不公平が起きています。こうした年金課税の問題については、長年にわたり是正の必要性が指摘され、二〇一三年に成立した社会保障改革法にも、今後の検討課題として明記されています。

具体的に、どんな問題があるのでしょうか。

(1) 現役世代より優遇

本書でこれまで「基礎年金」「厚生年金」と表記してきた年金は、原則六五歳という年齢を要件として支給が始まるので、より正確にいえば「老齢基礎年金」「老齢厚生年金」という名称です。

これらの老齢年金は税制のうえで雑所得として扱われ、所得税や住民税の課税対象となります。

ただし、老齢年金には「公的年金等控除」が適用されます。六五歳以上だと最低保障額は年一一〇万円で、年金がそれより少なければ全額が控除対象になります。

次のページの図は、財務省が試算したモデルケースです。夫婦で暮らす年金受給者には、公的年金等控除のほかに基礎控除や配偶者控除も適用されるので、年金が年二〇八万円まで

所得税の課税最低限（財務省試算）

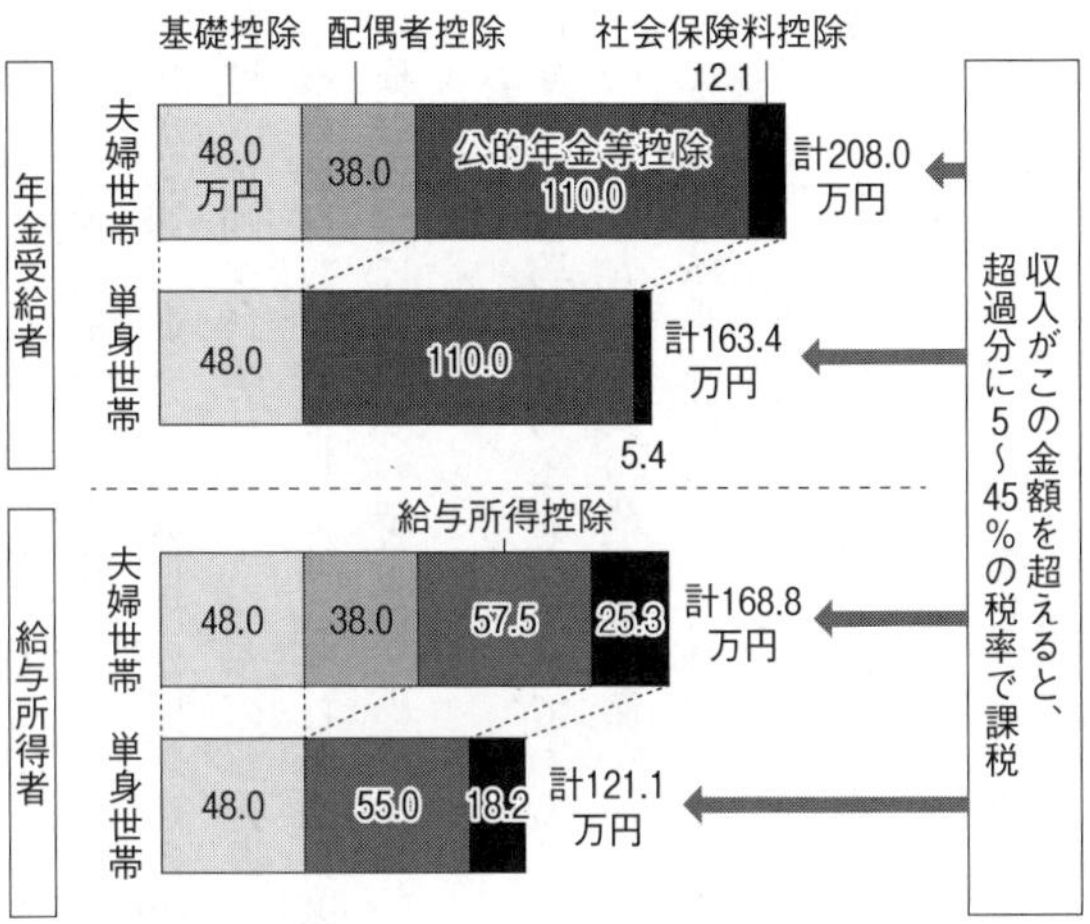

※財務省試算。金額は年額。年金受給者は65歳以上で、夫婦世帯は配偶者が70歳未満。給与所得者の夫婦世帯も子どもがいないという想定。端数処理のため合計が一致しない部分がある。
出典：財務省資料

であれば所得税を課税されません。

一方、会社員の年収に応じて決まる「給与所得控除」は、公的年金等控除ほど金額が大きくありません（最低保障額は年五五万円）。このため夫婦で暮らす給与所得者の課税最低限は年金受給者より四〇万円ほど低く、年収一六八・八万円を超えると所得税を課税されます。

公的年金受給者に対する課税は、かつては「実質非課税」と言われるほど控除額が大きく設定されていました。二〇〇五年分から縮小されて現在に近い姿になりましたが、それでも厚労省の推計によると、高齢者の約六割は所得税を納めていません。

高齢化が急速に進み、現役世代の税や社会保険料の負担は増え続けています。政府の社会保障制度改革国民会議は二〇一三年の報告書で、高齢者でも負担能力があれば応分の負担を求める考えを打ち出しました。こうした社会保障改革の方向性に沿って、公的年金等控除の縮小が検討課題になっています。

公的年金等控除は、対象者が高齢であることなどに配慮して設けられています。でも、現役世代の暮らしも、子供の教育費や住宅ローンなどで必ずしも楽ではありません。

さらに、給与所得控除には、会社に着ていくスーツなどの必要経費に対する配慮という性格があります。その一方、年金は銀行などの口座に振り込まれるだけなので、受給するために経費は不要です。その割には、給与所得控除と比べて最低保障額が大きいという見方もできるかもしれません。

結局のところ、年金と給与のどちらにより多く税制上の配慮をすべきなのか、あれこれ考えてもきりがありません。だとすれば、年金でも給与でも、同じぐらいの金額の収入には同じぐらいの負担を求めることが妥当だと言えないでしょうか。そういう考え方に基づいて、負担が現役世代に偏った構造を是正する必要があるのではないかと思います。

(2)　控除が併用できる

長寿化が進んで元気なシニア世代が増え、年金を受給しながら会社勤めをするのが、ごく普通のことになってきました。その場合、年金には公的年金等控除、給与には給与所得控除がそれぞれ適用され、一人で両方の控除を使うことができます。

現役世代の会社員は給与所得控除しか使えないので、こうした控除の二重適用についても、過剰な優遇だという批判があります。

(3)　高齢者間の不公平

一家の生計を支える人が亡くなると、残された家族には要件を満たせば遺族年金（遺族基礎年金、遺族厚生年金）が支給されます。

老齢年金は所得税や住民税の課税対象となりますが、遺族年金は基礎、厚生ともに全額が非課税とされています。どんなに金額が多くても、遺族年金からは所得税や住民税を徴収されなくて済みます。

これによって、高齢者の間で不公平が起きています。

例えば、会社員だった夫を亡くし、遺族厚生年金を年一二〇万円と、六五歳以降の老齢基礎年金を年七〇万円受け取っているA子さんがいるとします。

合計は一九〇万円ですが、遺族厚生年金は非課税で、老齢基礎年金の七〇万円も公的年金等控除（一一〇万円）の範囲内です。所得税も住民税も納めなくて済みます。

一方、ずっと独り暮らしで会社に勤め、自分が働いて得た老齢厚生年金を年一二〇万円、老齢基礎年金を年七〇万円受給するB子さんはどうでしょうか。

さきほどの財務省試算では、単身世帯の年金受給者の課税最低限は一六三・四万円とされていました（181ページの図参照）。

B子さんの年金受給額は、A子さんと同じ計一九〇万円です。でも、その全額が老齢年金なので、遺族年金のような非課税扱いを受けることができません。課税最低限を超過する二六・六万円に対して、所得税が課税されます。これでは、B子さんが不公平感を抱いたとしても無理はないでしょう。

夫を早くに亡くし、若い母親が子どもを育てている遺族年金受給世帯については、税制面で配慮する必要があると思います。しかし、同じ独り暮らしの高齢者なのに、遺族年金のほうが老齢年金より優遇される今の仕組みは、果たして公平なのでしょうか。

(4)　低所得者対策にも波及

年金課税の不公平は、税制だけにとどまらず、社会保障制度を始めとする様々な低所得者対策にも波及しています。

医療や介護などの社会保障制度では「低所得者」と認められると、社会保険料や自己負担の軽減を受けることができる場合があります。所得が低くて住民税が非課税とされているかどうかが、その基準として使われている場合が多いのです。

例えば医療保険には「高額療養費制度」があり、医療機関の窓口での一か月の自己負担が限度額を超えると、超過分は負担しなくて済みます。高齢者世帯で住民税が非課税になっていると、この限度額が低くなり、負担が大幅に軽くなるのです。さらに、このほか特別養護老人ホームの食費・居住費の軽減措置などでも、住民税の非課税世帯かどうかが基準に使われています。

住民税の仕組みは所得税とやや異なりますが、遺族年金が非課税であるために、遺族年金受給者は老齢年金だけを受給する人より低所得者と認められやすいのです。収入が多い高齢者のほうが、少ない高齢者より負担が軽くて済むという逆転現象さえ起きています。

(5) 是正の動き鈍く

年金課税を巡っては、このようにさまざまな問題点が指摘されています。早急に是正すべきなのですが、負担増となる高齢者からの強い反発が予想されるだけに、これまで政府はあまり積極的に取り組んできませんでした。

所管官庁の財務省でさえ、税制の不公平が是正され、さらには税収増にもつながる一石二鳥の改革であるにもかかわらず、近年は腰が重かったのが実情です。消費税率の一〇％への引き上げが最優先の課題となっていたため、それ以外の負担増で反発を受けるのは得策ではないと考えていたのではないでしょうか。二〇一九年一〇月に消費税率の一〇％への引き上げが実現したので、今後の対応に注目したいと思います。

年金課税は本来、公的年金など社会保障制度の改革とセットで議論し、整合性のある形にしていくことが望ましいはずです。にもかかわらず、年金と医療・介護は厚労省、税制は財務省というように、役所の縦割りで垣根が高く、連携が足りません。政治のリーダーシップで役所の縦割りを乗り越え、両者を一体的に改革していく必要があると思います。

（1）「平成時代を振り返る――年金制度の歩みと将来への示唆」週刊社会保障三〇二〇号六四～七一頁
（2）論文の公表後、二〇二〇年度に三回目が発動されました。
（3）吉原氏はその後、別の論考で七〇歳への引き上げを「六五歳への引き上げの終了からさらに二〇年ぐらいかけ、二〇五〇年頃を目途に」実現すべきだという考えを示しました（「70歳まで働き、70歳から年金という社会の実現をめざそう」週刊社会保障三〇六九号四五頁）
（4）夫が第三号被保険者の場合もありますが、以下では記述のわかりやすさを考えて、妻が第三号という想定で話を進めます。
（5）より正確にいうと、賃金分割は厚生年金保険料の納付記録を夫婦で分け合うことになります。夫婦に年齢差があり受給開始時期が異なる場合、受給額が正確に半分ずつになるわけではありません。
（6）厚労省は近年、モデル世帯という用語を使うことを避け、「モデル年金の世帯」と言い換えるようになりましたが、本書ではモデル世帯という用語で説明します（第3章注2参照）。
（7）遺族厚生年金の受給額は、亡くなった人が受け取っていた（あるいは六五歳以降に受け取るはずだった）厚生年金の4分の3となるのが基本です。

主要参考文献

石井太［二〇二〇］「将来人口推計と財政検証」社会保障研究四巻四号四二九～四四四頁
江口隆裕［二〇〇八］『変貌する世界と日本の年金』法律文化社
江口隆裕・駒村康平・坂本純一［二〇二〇］「新春鼎談　２０１９年財政検証の結果と年金改正」週刊年金実務二三七七号二一～二五頁
大谷泰夫［二〇〇〇］『ミレニアム年金改革』国政情報センター
小塩隆士［二〇一二］『効率と公平を問う』日本評論社
小塩隆士［二〇一四］『持続可能な社会保障へ』ＮＴＴ出版
小塩隆士［二〇一九］「財政影響を意識した年金改革議論を」週刊社会保障三〇四一号二六～二七頁
小野正昭［二〇一九］「財政検証における経済前提案策定に至る経緯について」企業年金三八巻九号八～一一頁
金子宏［二〇一九］『租税法（第23版）』弘文堂
鎌田耕一［二〇二〇］「雇用によらない働き方と厚生年金保険未加入問題」年金と経済三九巻一号二頁

菊池馨実［二〇一八］『社会保障法（第2版）』有斐閣
菊池馨実［二〇一九］「2019年財政検証」週刊社会保障三〇三九号二八～二九頁
木村真［二〇二〇］「マクロ経済スライドの現状と課題（発動と終了の条件）」社会保障研究四巻四号四七〇～四八六頁
久保知行［二〇一九］「公的年金の2019年財政検証で浮かび上がった喫緊の課題」（ウェブ論文 http://www.ne.jp/asahi/kubonenkin/company/20191115.pdf）
厚生省年金局［一九九九］『21世紀の年金を「構築」する（平成11年版年金白書）』社会保険研究所
厚生労働省［二〇〇一］「女性のライフスタイルの変化等に対応した年金の在り方に関する検討会報告書」
厚生労働省年金局数理課「厚生年金・国民年金平成16年財政再計算結果」
厚生労働省年金局数理課「平成21年財政検証結果レポート」
厚生労働省年金局数理課「平成26年財政検証結果レポート」
駒村康平［二〇一四］『日本の年金』岩波新書
駒村康平・菊池馨実編著［二〇〇九］『希望の社会保障改革』旬報社
駒村康平・石崎浩・玉木伸介・益田安良［二〇二〇］「座談会　2019年財政検証から考える将来の年金水準の評価（所得代替率・物価・賃金）」年金と経済三九巻一号三〇～五〇頁

小山進次郎［一九五九］『国民年金法の解説』時事通信社
坂本純一［二〇一二］「デフレ経済下のマクロ経済スライド」年金と経済三〇巻四号一〇～一五頁
坂本純一［二〇一八］「2019年財政検証と年金制度の課題」共済新報五九巻九号六～一七頁
佐藤格［二〇二〇］「経済前提と財政検証」社会保障研究四巻四号四四五～四五九頁
佐藤裕亮［二〇一九］「2019年財政検証及びオプション試算の解説（1）（2）（3）」週刊年金実務二三七四号三二～四六頁、二三七五号一六～二八頁、二三七六号三〇～四三頁
下島敦［二〇二〇］「労働力需給の推計（2018年度版）について」年金と経済三八巻四号一八～二四頁
社会保障審議会年金部会資料（特に財政検証結果が報告された二〇一九年八月二七日の第九回、年金改革関連法案の骨格が示された同一二月二五日の第一五回。厚生労働省ホームページ）
社会保障制度改革国民会議［二〇一三］「確かな社会保障を将来世代に伝えるための道筋（報告書）」
菅沼隆・土田武史・岩永理恵・田中聡一郎編［二〇一八］『戦後社会保障の証言――厚生官僚120時間オーラルヒストリー』有斐閣
清家篤［一九九八］『生涯現役社会の条件』中公新書
高山憲之［二〇一八］「年金を高齢雇用促進型に」日本経済新聞二〇一八年五月三一日付朝刊

高山憲之［二〇二〇］「公的年金制度の持続可能性と給付の十分性――２０１９年の年金財政検証をめぐって」年金と経済三八巻四号二五～三〇頁
玉木伸介［二〇二〇］「２０１９年財政検証における経済前提について」年金と経済三八巻四号一〇～一七頁
中嶋邦夫［二〇二〇］「基礎年金の水準低下とその対応策」社会保障研究四巻四号四六〇～四六九頁
永瀬伸子［二〇二〇］「財政検証に見る２０４０年の女性労働の姿：未来の可能な選択肢について」年金と経済三九巻一号一九～二九頁
西沢和彦［二〇〇八］『年金制度は誰のものか』日本経済新聞出版社
西沢和彦［二〇一一］『税と社会保障の抜本改革』日本経済新聞出版社
西沢和彦［二〇一八］「高齢者就労と年金制度を巡る論点」日本総研 Research Focus 二〇一八―二三
西沢和彦［二〇一九］「保険料拠出期間延長の論点」生活経済政策二七五号二〇～二五頁
西村淳［二〇一三］『所得保障の法的構造』信山社
西村淳［二〇一九］「雇用の変容に対応した年金制度とは：長く働き続けられるために」生活経済政策二七五号一四～一九頁

日本年金学会編［二〇〇六］『持続可能な公的年金・企業年金』ぎょうせい
武藤憲真［二〇二〇］「年金財政再計算・財政検証の歴史」社会保障研究四巻四号四一四〜四二八頁
矢野聡［二〇一二］『日本公的年金政策史』ミネルヴァ書房
山崎伸彦［二〇二〇］「令和元年オプション試算における被保険者期間の延長等の諸課題について」年金と経済三九巻一号一一二〜一一八頁
吉原健二編著［一九八七］『新年金法』全国社会保険協会連合会
吉原健二［二〇一九］「平成時代を振り返る——年金制度の歩みと将来への示唆」週刊社会保障三〇二〇号六四〜七一頁
吉原健二［二〇二〇］「70歳まで働き、70歳から年金という社会の実現をめざそう」週刊社会保障三〇六九号四二〜四七頁
吉原健二・畑満［二〇一六］『日本公的年金制度史』中央法規

あとがき

かなり複雑な年金の話に、ここまで辛抱強くお付き合い下さり、本当にありがとうございました。

本書では、二〇一九年の公的年金財政検証結果が決して将来を楽観できる内容とは言えず、特に基礎年金の給付水準低下が深刻な問題であることを見てきました。そして、年金制度が置かれた厳しい状況にもかかわらず、二〇二〇年の年金改革が決して十分な内容ではないことも繰り返し述べました。

しかし、この改革が目指した方向性まで否定するわけではありません。

例えば厚生年金の適用拡大について、私は第5章で、実現する規模が小さすぎると書きました。心底そう思っています。

でも、厚生労働省の担当官が、拡大に反対する小売業や外食産業の経営者らのもとに連日、足繁く通い、懸命に根回ししていたことも私は知っています。それ以外の多くの職員も、深夜まで労を惜しまず働いています。なにしろ他省庁から「強制労働省」と揶揄されるほど仕事の多い、過酷な職場ですから。

今回の改革を物足りないとは思うものの、そう書いているうち一人ひとりの顔が思い浮かび、何か心ないことをしているような気持ちにもなってきます。

今回の適用拡大で厚生年金に新規加入する計約七〇万人の中には、例えば就職氷河期世代で不本意なまま非正規労働者を続けている人も、少なからず含まれるはずです。老後の貧困から救われる人は、確実に存在します。この改革にも意義があるのです。

年金改革がどこまで進むかは、結局のところ、時の政権と与党の取り組み姿勢にかかっています。法律の改正案を国会で成立させるのは、彼ら政治家だからです。

少子高齢化が急速に進み、年金に限らず社会保障制度の改革は、給付を抑え、負担を増やすことが課題になっています。いわば不人気政策のオンパレードです。次の選挙を心配する政治家たちが、問題に十分向き合っているとは思えません。今回の適用拡大に象徴されるように、厚労省の提案が政治プロセスの中で値切られてしまうことがしばしば起きています。

年金財政が今日ここまで厳しい状況にあるのも、高度経済成長が終焉した一九七〇年代以降、早め早めに行うべき給付抑制と保険料引き上げを政治が先送りし続けたことが大きな原因といえます。

そして不作為のつけは結局、将来世代に回ります。私たちの子供や孫の世代、さらにそのあと生まれてくる世代の人たちが、給付水準の低下、あるいは生活保護費の膨張による税負担の増加などの形で、つけを払わせられる可能性が高いのです。国の借金が一〇〇〇兆円を大きく超える国家財政の現状と併せて、このまま放置してよいはずはありません。

将来世代に年金制度を少しでも健全な形で引き継ぐために、今の大人たちが、もっと我慢すべきところはする。その必要性を政治が真正面から国民に説明して、理解を求める努力を積み重ねる必要があると思います。

この本の出版に向けた準備を進めているうちに、新型コロナウイルスの感染拡大によって、日本経済が深刻な悪影響を受けることが明らかになってきました。読者の方々が本を手に取って下さるころには、日本経済の緩やかな右肩上がりという財政検証の前提が、ますます一般の実感にそぐわないものとなっている可能性もあります。

これから経済がどうなっていくかについて的確な見通しを語ることは、私にはできません。それでも、私たちの社会はいつか必ずこの苦境を乗り越えるはずです。そのときが一日も早く来ることを願うばかりです。

公的年金は約一〇〇年先まで計算に入れる長期保険の制度なので、短期的な経済変動よりは、長期的に日本経済が少しずつでも着実に成長していくかどうかが、財政を大きく左右します。経済が安定した回復軌道に乗るように、私たち一人ひとりが自分の持ち場で努力することが求められていると思います。

その一方で、財政検証で最も悲観的な「ケースⅥ」のような状況となる可能性も視野から外すことなく、将来の給付水準低下を抑え、年金制度をより公平なものとしていくための改革を着実に進めることが必要ではないでしょうか。

今回の財政検証と年金改革についてさらに詳しく知りたい方は、社会保障審議会年金部会に厚労省年金局が提出した資料を参照されるとよいと思います。財政検証結果は二〇一九年八月二七日の第九回会合、年金改革の内容は同一二月二五日の第一五回会合の資料に載っています。いずれも厚労省ホームページで閲覧することができ、私の記述も多くがその内容に基づいています。

年金制度には問題が山積していて、この本であまり触れることができなかった点も多々あります。国民年金保険料の未納による制度の空洞化、公的年金積立金の運用方法をめぐる問題、いまだ解決しない年金記録問題、中小企業で企業年金離れが起きていること――。こうした問題については前著「年金改革の基礎知識（第二版）」（信山社）で論じましたが、これからもさまざまな形で解説し、考えを世に問うことを私の宿題としたいと思います。

年金制度について、これまで多くの方の研究業績に接し、学ばせていただきました。主要参考文献一覧に記したほかにも、数え切れないほどの方々から教えを受けています。厚労省年金局の方々にも、細部にわたる問い合わせに応じていただきました。この小さな本で恩義にどこまで報いることができたのか、心もとない限りです。

この本の執筆は、信山社の稲葉文子さんに勧めていただきました。何かと至らない私を温かく励まして下さったことに、深く感謝いたします。

石崎　浩（いしざき　ひろし）

読売新聞東京本社編集委員
博士（法学）

神奈川県鎌倉市出身。早稲田大学政治経済学部卒業。読売新聞社で政治部などを経て現職。社会保障制度と税制、雇用問題の解説を担当。中央大学大学院法学研究科後期博士課程を2011年に修了、学位取得。単著に『公的年金制度の再構築』『年金改革の基礎知識（第２版）』（ともに信山社）。専修大学法学部兼任講師（社会保障法）。日本社会保障法学会、日本年金学会、日本社会福祉学会会員。

信山社新書

年金財政はどうなっているか

2020（令和２）年６月20日　第１版第１刷発行

著者　石崎　浩
発行者　今井　貴
　　　　稲葉　文子
発行所　㈱信山社
〒113-0033　東京都文京区本郷6-2-9-102
電話 03(3818)1019
FAX 03(3818)0344

Printed in Japan

印刷・製本／亜細亜印刷・渋谷文泉閣

ISBN 978-4-7972-8102-6 C3233